El Milagro Guadalupano

El Milagro Guadalupano

Editorial Época, S.A. de C.V.
Emperadores 185
Col. Portales
C.P. 03300, México, D.F.

El milagro guadalupano

© Editorial Época, S.A. de C.V.
Emperadores No. 185
C.P. 03300-México, D.F.
Tel. 56049046
56059852
email:edesa@data.net.mx

ISBN: 970-627261-4

Impreso en México - *Printed in Mexico*

Introducción

El culto a la virgen de Guadalupe representa un hilo conductor a través de la historia, entre el pasado de un mundo prehispánico profundamente religioso y un presente, que es la conjunción de dos grandes tradiciones: la indígena y la europea. Juntas, a través de este culto, expresan el carácter más amplio de la identidad mexicana ante el mundo.

La obra que aquí se ofrece al lector, intenta ser un recorrido a través de todos aquellos aspectos que proporcionan la riqueza y amplitud del culto guadalupano. La primera parte, alude a los antecedentes del *Nican Mopohua*, escrito en náhuatl por Antonio Valeriano en el siglo XVI, mismo que relata las apariciones de la virgen a Juan Diego. La segunda parte describe los acontecimientos históricos y culturales en que se basó el documento. La tercera parte se centra en la narración de las apariciones de la virgen de Guadalupe, de acuerdo con la versión del *Nican Mopohua*, así como de la edificación de los santuarios que fueron erigidos para albergar la imagen. Finalmente, se mencionan las principales investigaciones y análisis científicos encaminados a probar la autenticidad sagrada de la tilma de Juan Diego.

A manera de conclusión se presenta una reflexión sobre el significado actual del culto para la identidad del pueblo mexicano, y de su influencia en el mundo católico en un nivel internacional.

Capítulo 1
Antecedentes del *Nican Mopohua*

La obra original que narra las apariciones de la virgen de Guadalupe a Juan Diego, ocurridas del 9 al 12 de diciembre de 1531, es el *Nican Mopohua* que en español significa "Aquí se cuenta".

Fue escrito probablemente entre 1540 y 1545 por Don Antonio Valeriano, noble educado en el Colegio de Santa Cruz, en Tlatilolco, donde aprendió religión, ciencias, humanidades, artes y letras. Su dominio de idiomas comprendía el español y el latín, que enriquecieron en gran medida su lengua natal, el náhuatl. Valeriano formó parte del grupo de investigadores que Fray Bernardino de Sahagún entrenó para el estudio de la historia y la cultura del México antiguo.

Recordemos que Sahagún, fraile español perteneciente a la orden de los franciscanos, se interesaba en propagar y convertir a la fe cristiana a los pobladores recién conquistados. Para ello, no habría modo más conveniente que conocer sus costumbres, creencias, visión del mundo, etc., con el fin de encontrar las coincidencias entre las culturas nativas y la española —especialmente en el aspecto religioso—, que permitiera una evangelización pacífica. Lo fundamental era conseguir que la población estuviera convencida y consintiera, por tanto, en abrazar a la nueva religión.

Para ello, tuvo un cuidado especial en la selección y preparación de su equipo de trabajo. Debían ser personas cultas, inteligentes, que conocieran profundamente su cultura y fueran sensibles ante ella. Para fines prácticos, el hecho de ser nativos, pertenecer al pueblo, hablar la misma lengua, y mantener contacto con la población, facilitaría la tarea.

Por supuesto, sólo los nobles reunían estos requisitos, ya que como personas de elevado rango social, en los tiempos en que florecía la antigua ciudad de Tenochtitlan, habían sido educadas en escuelas destinadas a la población de alto rango.

No en vano, Sahagún consiguió información sumamente valiosa sobre la cultura regional, que se compendia en su *Historia General de las Cosas de la* Nueva *España*.

El *Nican Mopohua*, también es una prueba fecunda de esta cultura. Algunos historiadores sostienen que la investigación y la escritura estuvo a cargo de Antonio Valeriano, quien pudo haber tenido como fuente de información directa a Juan Diego, considerando que éste fue amigo del padre de Valeriano.

Es posible que se hayan conocido, tomando en cuenta que si Juan Diego nació en el año de 1474 y Valeriano en 1520, cuando este último escribió el relato, (1540-1545) contaría con 20 o 25 años de edad, mientras que Juan Diego tendría entre 66 y 71 años.

Lo cierto también es que, de acuerdo con biógrafos de Juan Diego, éste se dedicó a difundir entre la población la noticia del milagro, una vez ocurrida la aparición, como una forma de promover la fe en la virgen de Guadalupe; es factible que a Valeriano, como a muchos otros, le haya relatado la historia.

Otra teoría sostiene que la escritura de la obra pudo haberse encargado a Valeriano, en tanto que el estudio fue realizado por el equipo de investigadores ya mencionado, en cuanto a los referentes históricos que ésta contiene. Es factible que esto haya sucedido, pues si de hecho se dedicaban a la tarea monumental que debió significar el recoger información; expresar su contenido a partir del náhuatl, otomí y otras lenguas con sus variantes dialectales; escribir y traducir al español; y quizá ordenar la información a través de un documento, es natural que contaran con la práctica necesaria para emprender una tarea en particular.

Es importante destacar que esta tradición, que la antropología moderna llama "historia oral", era (y sigue siendo) una de las formas fundamentales en que se transmitía y conservaba la cultura de los pueblos del México antiguo. Así, se contaban hazañas, acontecimientos, mitos, cuentos o leyendas, y se transmitían las leyes, costumbres, normas de comportamiento, etc. Fue tan importante como los códices, que eran los documentos en que se plasmaba la historia, artes, mitos, dioses, así como los requerimientos de la vida común, por ejemplo: la lista de tributos (impuestos) que algunos pueblos debían pagar a los nahuas, los mapas de diferentes regiones, etcétera.

Sin embargo, dado que en los primeros años de la conquista los misioneros vieron en los códices la representación de "cosas malignas", quemaron una cantidad innumerable de ellos, bajo la orden de Fray Juan de Zumárraga. Al darse cuenta del error tan grande que habían cometido, los frailes intentaron rescatar los que quedaban, pero la población nativa, cuyo coraje y desaliento fue terrible cuando esto ocurrió, escondió los documentos que conservaba en su poder. De este modo, los investigadores del colegio de Tlatilolco se dieron a la labor de reconstruir la historia, básicamente a través de la tradición oral, al no quedar alternativa.

En el caso específico del *Nican Mopohua*, los investigadores debieron recoger el suceso entre la población, especialmente entre el grupo indígena otomí, ya que el Tepeyac formaba parte de su región. Tras el impacto que debió causar la aparición de la virgen de Guadalupe, seguramente el suceso era conocido por todos, siendo relatado a las generaciones que siguieron.

Ahora bien, habían transcurrido pocos años (entre 9 y 14) de la fecha de las apariciones de la virgen, a la escritura del relato. Es un lapso relativamente corto que habrá permitido recoger la historia con la mayor fidelidad y frescura.

Al margen de ello, la obra por sí misma muestra una autenticidad absoluta como texto del siglo XVI, aunque también se cree que fue escrito en el siglo XVII.

Se escribió en náhuatl clásico, pero los lingüistas aseguran que el documento es una aproximación al idioma, aunque esté escrito en náhuatl. Esta idea se sostiene en el hecho de que el náhuatl original no tenía una gramática, tal como la conocemos del español. Se basaba en una escritura ideográfica, también llamada pictográfica. Es decir, las ideas se representaban por medio de figuras y caracteres, y se pintaban en papel de diverso material, aunque los más usados eran de hilo de maguey o de palma de Icjotl. En la tela de este tosco material, por cierto, se grabó la imagen de la virgen de Guadalupe, de acuerdo con las investigaciones del historiador Francisco Javier Clavijero, expuestas en su *Historia antigua de México.*

Posterior a la conquista, los misioneros se dan a la tarea, en principio, de aprender el náhuatl y las demás lenguas, y enseñar el castellano a su vez, como parte de su objetivo evangelizador. Para ello, registran los sonidos de la lengua nativa de acuerdo con el alfabeto griego, lo que permite la identificación de palabras, frases, conceptos y, posteriormente, la creación del sistema de escritura completo. Así es como se escribe por primera vez el náhuatl.

Si tomamos en cuenta que en el año de 1524 llegaron a la Nueva España los primeros 12 franciscanos y si el *Nican Mopohua* fue escrito entre 1540 y 1545, habrían transcurrido cerca de 20 años de haberse establecido la escritura alfabética del náhuatl. Por ello, el documento es una aproximación al idioma. No obstante, precisamente por la fecha de elaboración, es el más cercano a la expresión de la lengua nativa.

Por otra parte, otras versiones del *Nican Mopohua* son: la publicada en castellano por el presbítero Miguel Sánchez en el año de 1648, con el nombre de "Imagen de la virgen María", y la publicada por el bachiller Luis Lasso de la Vega en el año de 1649, en lengua náhuatl, con el nombre de "Huey Tlamahuizoltica". Ambas se basan en la tradición oral, aunque otra teoría sostiene que se basaron en el documento primitivo.

Sin embargo, a decir de la lingüista Elizabeth Escalona en su ponencia *Comparación lingüística de dos versiones del Nican Mopohua*, existe un documento que se encontró recientemente en la Biblioteca Pública de Nueva York, Estados Unidos, el cual se atribuye al indio Antonio Valeriano y que data del siglo XVI. Probablemente se trate del *Nican Mopohua* original.

Este último, indica la lingüista, podría ser la fuente más cercana a la fecha de la aparición de la virgen, y, por tanto, tendría mayor veracidad, pero de acuerdo con el análisis del léxico y de gramática que realizó a estos tres textos, existen ciertas diferencias. Por ejemplo, dice Escalona, en el texto de Valeriano se utilizan diminutivos en castellano, que no corresponden con lo que escribiría un nativo.

Por su parte, el historiador José Antonio Juárez Reyes defiende el *Nican Mopohua* de Valeriano, ya que asegura que Sánchez y Lasso de la Vega no mencionaron sus fuentes porque no querían darle el crédito a un indio y sólo mencionan los "papeles antiguos".

Para Rolando González Arias, coordinador del *Encuentro interdisciplinario de Guadalupanismo* que llevó a cabo la Escuela Nacional de Antropología e Historia en octubre de 2002, el *Nican Mopohua* es un texto del siglo XVII, que no es invento franciscano ni indígena, sino producto de un largo proceso histórico en el que influyen diversos factores.

Entre ellos: la esencia sagrada, el santuario, el símbolo, el nombre de Guadalupe, las apariciones y presagios, la tradición española de la aparición de la virgen de Guadalupe, la propagación de las creencias a través del teatro evangelizador, y la leyenda mítica que se convierte en historia sagrada.

Volviendo al documento original, actualmente se desconoce su paradero. En 1605, don Fernando de Alva Ixtlixóchitl recibió el manuscrito, una vez que ocurrió la muerte de Valeriano en ese año; además, cabe destacar, fue el primero que tradujo el documento al castellano.

Posteriormente, vía testamento, el documento pasó a manos del sacerdote jesuita Don Carlos de Sigüenza y Góngora, y más tarde, tras su muerte, se integró en la Biblioteca de la Real Universidad de México junto con los libros y manuscritos que habían integrado el acervo de Sigüenza y Góngora.

Durante la invasión norteamericana a México en 1847, el acervo del sacerdote jesuita fue saqueado y llevado a Estados Unidos. Por ello, es muy probable que el *Nican Mopohua* se encuentre en la Biblioteca Pública de Nueva York, como señala Elizabeth Escalona.

Capítulo 2
Contenido histórico del *Nican Mopohua*

Tal como está concebido, el relato expresa el sentido natural del milagro, de principio a fin. Los objetivos del mismo son evidentes desde el inicio: el primero, que consiste en relatar el encuentro de Juan Diego y la virgen para un fin determinado, que es la instauración del templo a la virgen, así como su culto; el segundo, atiende al sentido sobrenatural y mágico del acontecimiento, que cristaliza en las apariciones de la virgen, pero culmina en dos momentos especiales: cuando la virgen desciende de la cumbre del cerro hasta el camino donde Juan Diego se encuentra, le pide que recoja las flores, y, después de tocarlas, le ordena llevarlas al obispo como prueba de su existencia; el siguiente, cuando Juan Diego desenvuelve su tilma ante el obispo y aparece la virgen en ella. Es decir, cuando ocurre el milagro.

A lo largo del relato, se van encontrando referencias que muestran el momento histórico que vivían los habitantes recién conquistados, mismo que se refleja en las ideas de su autor.

Ya estaban depuestas las flechas...

En los primeros dos versos se dice que diez años después de la conquista de la ciudad de México *ya estaban depuestas las flechas, los escudos, por todas partes había paz en los pueblos. Y así como brotó, ya abre su corola la fe, el conocimiento de aquel por quien se vive, el verdadero* Dios.

En 1531, sin embargo, los españoles seguían en guerra con los pueblos nativos. Ciertamente se había logrado derrocar el poder central de la ciudad de Tenochtitlan, pero la conquista como tal se estaba llevando a cabo, ante la pelea y la resistencia a muerte de la población nativa.

Tampoco la evangelización se había realizado. Los religiosos habían llegado en 1524 y a partir de entonces habrían comenzado su labor de cristianización de los pueblos, de modo que es imposible que en tan sólo 6 años quedara concluida.

El hecho de que Antonio Valeriano u otro autor haya escrito esto, refleja la congruencia con el relato, en tanto que esta introducción antecede a la aparición y el milagro de la virgen María. También muestra el convencimiento, la conversión al cristianismo de su autor y, por tanto, la influencia ya marcada de la cultura española, a la vez que una negación de la historia de los pueblos indios, por lo menos en cuanto a este aspecto se refiere.

Dioses en la cumbre del Tepeyac

Podría pensarse que también es una negación a la cultura propia, pero más adelante, cuando el texto señala el momento en que Juan Diego participa en el hecho sobrenatural al escuchar el canto de los pájaros y dice: *¿Dónde estoy, dónde me veo? ¿Acaso allá donde dejaron dicho los antiguos nuestros antepasados, nuestros abuelos: en la tierra de las flores, en la tierra del maíz, de nuestra carne, de nuestro sustento, acaso en la tierra celestial?*, se expresa un vínculo con las raíces culturales.

En otras palabras, la mención de un lugar señalado por los antepasados, refiere aquello que era propio de la cultura de los antiguos mexicanos, precisamente su *sustento,* tanto material como espiritual. Tal como lo expone la narración, la tierra es lo que proporciona alimento, alegría, así como el contacto y la veneración con los dioses que la hacen posible. Así pues, dado que Juan Diego posa su vista en la cumbre del cerro del Tepeyac cuando dice estas palabras, observamos que lo califica como un paraíso, pero también como un lugar sagrado, en vista del respeto presente en sus palabras.

Sobre este punto, en el capítulo dedicado al carácter de la religión azteca incluido en su estudio *El pueblo del sol,* (1974) Alfonso Caso refiere un dato muy interesante: "hemos hablado de un doble principio creador, masculino y femenino, del que provienen por generación los otros dioses. Sus nombres indican esta dualidad: Ometecuhtli, que quiere decir '2. Señor', y Omecíhuatl, '2. Señora' y ambos residen en 'Omeyocan', 'el lugar 2'. También se llaman 'el señor y la señora de nuestra carne o de nuestro sustento' y se representan con símbolos de fertilidad y adornados con mazorcas de maíz, pues son el origen de la generación y los señores de la vida y de los alimentos".

(...) Según una de las versiones que nos han llegado, estos dos dioses, Ometecuhtli y Omecíhuatl —también llamados Tonacatecuhtli y Tonacacíhuatl—, (nuestro señor y nuestra señora) tuvieron cuatro hijos a los que encomendaron la creación de los otros dioses, del mundo y de los hombres. Los cuatro dioses hijos de la primitiva pareja divina fueron el Tezcatlipoca rojo, llamado también Xipe y Camaxtle; el Tezcatlipoca negro, llamado comúnmente Tezcatlipoca; Quetzalcóatl, dios del aire y de la vida, y Huitzilopochtli, el Tezcatlipoca azul...

Caso refiere, asimismo, que estas ideas sobre la generación de los dioses no son de origen azteca, ya que Ometecuhtli y Omecíhuatl también se encuentran representados en el códice Borgia, documento perteneciente a una región de Puebla o Tlaxcala. Asimismo, "Aparecen asociados con el primer día del calendario ritual, el lagarto, representante de la tierra, como patronos de ese día, lo cual nos indica que corresponden a una viejísima tradición mítica, ya que como hemos demostrado, el calendario ritual existía en México y Centroamérica varios siglos antes de Cristo".

Atendiendo a esta teoría, y en vista de la semejanza de elementos presentes en el pasaje del *Nican Mopohua*, es posible que el lugar que señala Juan Diego sea el Omeyocan, donde residen "El señor y la señora de nuestro sustento", dioses originarios de dioses que a su vez crearon el universo y proporcionan la vida y los alimentos, es decir, el maíz. Indirectamente, el cerro del Tepeyac pudo haber sido la representación terrena, concreta, de ese lugar mítico, de modo que Juan Diego pudo haberse referido al lugar donde habita la Tonantzin, diosa de la tierra y la fertilidad, es decir, del maíz.

La importancia de estas ideas en la cultura azteca, por otra parte, se explica en la tradición oral indígena, pues Juan Diego refiere el lugar "donde dejaron dicho los antiguos, nuestros antepasados".

Si Antonio Valeriano escribió este relato entre 1540 y 1545, habrían pasado de 19 a 24 años de acontecida la conquista española. Sin embargo, al margen de haber sido escrito en esa fecha o en fecha posterior, el autor pudo haber consignado este pasaje para dejar en la memoria escrita una de las ideas del México antiguo sobre la creación, a la par que consignaba el culto a la nueva religión.

Puede considerarse entonces que el autor mantenía un fuerte lazo con su cultura, junto con su esmerada educación y conversión al cristianismo. Mas como documento histórico, la obra expresa el sentir y visión de la población acerca de lo que estaba viviendo: un conflicto entre lo que se ha sido y lo que se empieza a ser, entre lo que se pierde y lo que se adopta. Se trata, pues, de un momento histórico, un momento de cambio entre la vieja cultura y la nueva.

Concepción sobre la vida y la muerte

Otro pasaje que se vincula con lo anterior se encuentra en la cuarta aparición de la virgen, cuando Juan Diego se dirige a Tlatilolco. Entonces dice a la virgen *Ahora, voy de prisa a tu casita de México, a llamar a uno de los amados de nuestro señor, nuestros sacerdotes, para que vaya a confesarlo y a prepararlo. Porque en realidad para ello nacimos, para esperar el trabajo de nuestra muerte.*

En su estudio ya mencionado, Alfonso Caso explica el carácter de los aztecas, con base en su visión del mundo: "frente a su ideal imperialista y religioso, siempre hay un sentimiento de pesimismo en el fondo del alma azteca; sabe que, a la postre, será vencido su caudillo, el sol; tendrá que sucumbir en medio de terremotos espantosos, y entonces triunfarán los poderes del mal. Las estrellas y los planetas, capitaneados por la luna, bajarán a la tierra. (...) Innumerables escuadrones de fieras espantosas descenderán del cielo, y las estrellas acabarán con la humanidad. Por eso para el alma azteca, esta vida no es sino un tránsito, y ese sentimiento de pesimismo y angustia se manifiesta en su escultura vigorosa y terrible, y también, teñido de una profunda tristeza, en su poesía".

Ejemplo de este sentir sobre la vida y la muerte es el poema que se atribuye al rey de Texcoco, Nezahualcóyotl, que dice:

> Sólo venimos a dormir,
> sólo venimos a soñar,
> no es verdad, no es verdad
> que venimos a vivir en la tierra
> en hierba de primavera nos convertimos;
> llegan a reverdecer,
> llegan a abrir sus corolas nuestros corazones;
> pero nuestro cuerpo es como un rosal;
> da algunas flores y se seca.

Así pues, el sentimiento que comunica Juan Diego a la virgen, no es mas que la expresión del temperamento y la visión del mundo de sus ancestros, lo cual recoge su autor, Antonio Valeriano, de una manera espléndida. Por otra parte, si se compara este poema con el relato de las apariciones de la virgen, se encuentra una gran similitud, básicamente en el tono melancólico y en su sentido poético.

El *Nican Mopohua* contiene un tono melancólico en general, y se muestra en los momentos en que Juan Diego enfrenta dificultades ante lo que vive. Es decir, cuando está próxima la muerte de su tío, y cuando aparecen obstáculos que impiden el mandato de la virgen, de construirle un templo. Aun en los momentos de alegría ante el hecho mágico de la aparición y aquel en que ocurre el milagro, Juan Diego se sostiene en un "tono medido", pues nunca llega a explotar el sentimiento, a ser vehemente, apasionado.

En cambio, en el tono del relato se expresa precisamente la magia del milagro y la armonía de los acontecimientos, pues las palabras, los sentimientos y las imágenes que lo forman, se distinguen por su belleza y naturalidad. Evidentemente, por su alto sentido poético, ya que en este plano es situado todo lo que existe en la tierra y significa vida y encanto, esencialmente la naturaleza.

El relato de Antonio Valeriano acusa el dominio de su pluma, lo cual es producto de un talento natural; pero también del legado artístico de sus ancestros, en cuanto al valor de su visión de la vida y la expresión artística de ella. Todo ello, fue enriquecido a su

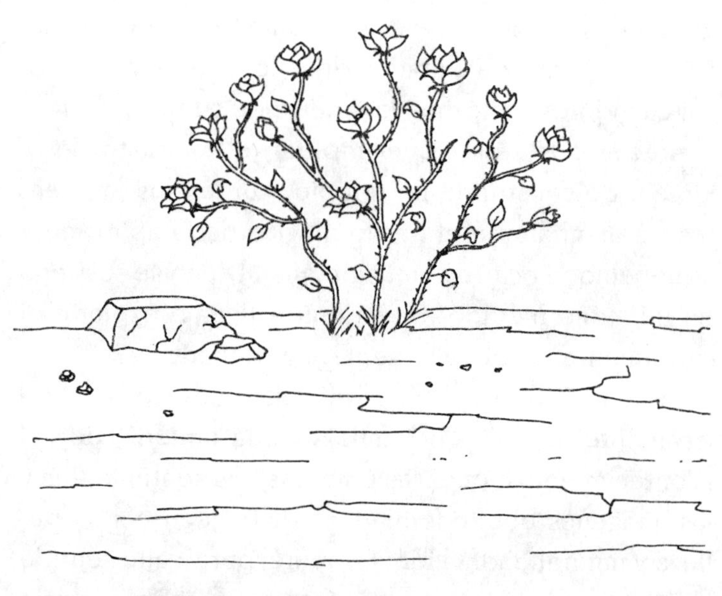

vez por la cultura española, especialmente por su lenguaje, cuya riqueza artística era enorme.

El milagro de las rosas

Otros puntos del relato que han causado opiniones diversas y contrarias muchas veces, es la referencia a las rosas que recogió Juan Diego, y la segunda, el nombre de Guadalupe.

En el *Nican Mopohua* se cuenta que cuando Juan Diego llegó a la cumbre para cumplir la orden de la virgen, se asombró al ver variadas rosas de Castilla. Se dice que habían brotado antes del tiempo en que se dan, porque en diciembre era tiempo de heladas; y además, que la cumbre del cerro no era lugar donde se dieran flores, pues sólo había mezquites, nopales y hierbas.

El texto da a entender que en la primavera sí se daban rosas, aunque en el cerro no. Lo cierto es que para el año de 1531 no había rosas en México, pues aún no se traían de Europa.

De acuerdo con el sentido del relato, con su lógica interna, la existencia de las rosas se asume como parte esencial del milagro. Algunos historiadores han partido de este punto de vista para sostener como hecho verdadero el acontecimiento. Incluso se propone un antecedente de carácter divino sobre el mismo.

Por ejemplo Francis Johnston, en su obra *El milagro de Guadalupe*, editada en la ciudad de México probablemente en 1997, sostiene que Fray Juan de Zumárraga había rogado a la virgen María que le enviara rosas de Castilla como una señal de que al fin se lograría pacificar a la Nueva España, de modo que cuando Juan Diego le presenta las rosas, él se da cuenta de que su mensaje fue escuchado.

Al margen de la interpretación que pueda darse, es otra la versión de numerosas fuentes históricas de la época, tanto orales como escritas, oficiales y no oficiales, sobre la actuación de Zumárraga en este tiempo. Siendo el primer obispo de la Nueva España, desde su llegada en el año de 1528 enfrentó grandes dificultades para establecer la Iglesia en México.

Como se recordará, la primera Audiencia fue el gobierno establecido en México por la corona española, pero en vista de los abusos que ésta cometió ante la población, la corona envió al obispo en calidad de "protector oficial de los indios".

Y también para que se cumplieran varios fines: establecer formalmente la Iglesia en la Nueva España; lograr con ello la pacificación y conversión de sus habitantes y delimitar al mismo tiempo el lugar que ocuparían las órdenes religiosas que iban llegando a México para evangelizar a la población. En otros términos, sujetar su actuación al mandato de la Iglesia.

Por otra parte, la intención fue crear otro frente de poder que también sirviera a la corona y que a la vez equilibrara las fuerzas políticas, pues ante la llegada del obispo, la Nueva Audiencia tendría que limitarse y acatar las reglas marcadas por España.

En su tiempo, sin embargo, fray Juan de Zumárraga era objeto de constantes hostilidades por parte de los funcionarios de la Nueva Audiencia. Por otra parte, su relación con la población tampoco era buena. Amparado en su cargo, y bajo la visión de que Huitzilopochtli y otros dioses mexicas eran "cosa del demonio", por lo que se debía erradicar enérgicamente las "idolatrías", autorizó la quema de numerosos códices aztecas, así como la destrucción de templos y deidades de los nativos.

Es fácil suponer la actitud de la población ante ello. La respuesta fue resistir a través de varios modos: negar la nueva religión, pelear, o huir hacia otras partes para formar sus propias ciudades.

Necesariamente, Fray Juan de Zumárraga necesitaba respaldarse para tener crédito social y cumplir con su labor, de modo que una vez ocurrido el milagro guadalupano, el obispo logró varios objetivos: la pacificación de la población nativa y su posterior conversión al cristianismo, el poder político ante el gobierno local, una mayor protección de la corona y, finalmente, establecer la Iglesia sobre bases firmes.

Consecuencia de ello es, por ejemplo, sus gestiones ante la corona para el establecimiento de una institución que impusiera el orden en plena guerra, en otras palabras, que juzgara las numerosas faltas y delitos que se presentaban a diario, igualmente cometidas por funcionarios españoles, frailes y nativos. Así, logró el establecimiento formal del tribunal de la Santa Inquisición, fungiendo él mismo como inquisidor mayor.

Por otra parte, la tarea evangelizadora emprendida por los misioneros, ya avanzada en la tercera década del siglo, propiciaba el establecimiento de una imprenta que sirviera para la instrucción y cristianización de los indios, al mismo tiempo que para el gobierno civil y eclesiástico. Así, Fray Juan de Zumárraga y Antonio de Mendoza, primer virrey de México, realizaron las primeras gestiones al respecto, entre 1535 y 1539.

El nombre de Guadalupe

Posterior al milagro, Juan Diego acude a ver a su tío, preocupado por haberlo dejado gravemente enfermo. Entonces: *Manifestó su tío ser cierto que entonces le sanó y que la vio del mismo modo en que se aparecía a su sobrino, sabiendo por Ella que le había enviado a México a ver al Obispo. También entonces le dijo la Señora de cuando él fuera a ver al Obispo, le revelara lo que vio y de qué manera milagrosa le había sanado; y que bien le nombraría, así como bien había de nombrarse su bendita imagen, la siempre Virgen Santa María de Guadalupe.* (*Nican Mopohua.*)

En sus apariciones a lo largo del tiempo, la virgen María se identificó a sí misma con su nombre o uno de sus títulos, y fue conocida más tarde con el nombre del lugar donde ocurrieron las apariciones (Fátima, Lourdes, etcétera).

Llama la atención, por tanto, que cuando se aparece ante Bernardino, el tío de Juan Diego, y le habla en náhuatl, haya querido ser llamada con el nombre en español de Guadalupe.

Se cree que el nombre proviene de la milagrosa estatua de Nuestra Señora de Guadalupe, que entregó el papa Gregorio el Grande al arzobispo de Sevilla. Estuvo perdida durante 600 años y fue encontrada por Gil Cordero, guiado por una aparición de la virgen. La venerada estatua recibió el nombre de "Guadalupe", porque así se llamaba el poblado ubicado cerca al lugar del descubrimiento, en Extremadura, España.

La palabra es de origen árabe, y su significado es "río de cascajo negro" o "agua que corre". Por ser un nombre castellano, y dada la referencia absoluta a la virgen adorada en esa región de España, se considera que los conquistadores y después los frailes, se dedicaron a propagar su nombre y culto, entre otros santos, de modo que la población conocía el nombre. En vista de que el *Nican Mopohua* se formó con base en testimonios de la población, pudieron haberle dado ese nombre como parte de la influencia religiosa española.

Otra explicación que se considera la más acertada, es que el nombre es el resultado de la traducción del náhuatl al castellano de las palabras usadas por la virgen durante su aparición a Juan Bernardino.

Se cree que la virgen usó el término de coatlaxopeuh, que se pronuncia como "quatlasupe", cuyo sonido es muy parecido a la palabra en español Guadalupe. Coatlaxopeuh está formada por los siguientes elementos: Coa, que significa serpiente; tla, el artículo "la", mientras xopeuh significa aplastar. Así, la virgen María se debió haber referido a ella misma como "la que aplasta la serpiente".

Esta versión encuentra su principal argumento en uno de los muchos rituales religiosos que practicaban los mexicas, consistente en el sacrificio de hombres, principalmente esclavos o cautivos de guerra, a Huitzilopochtli, dios de la guerra. En dicha ceremonia, celebrada en el altar del Templo Mayor de la ciudad, se ofrendaban los corazones de los cautivos y se practicaba el canibalismo de los cuerpos.

La razón del sacrificio obedece a la visión cosmogónica de los pueblos indígenas, expone Alfonso Caso. Así, acorde con uno de sus mitos, "la última vez que el hombre fue creado, Quetzalcóatl bajó al mundo de los muertos para recoger los huesos de las generaciones pasadas, y, regándolos con su propia sangre, creó la nueva humanidad. El hombre ha sido creado por el sacrificio de los dioses y debe corresponder ofreciéndoles su propia sangre. El sacrificio humano es esencial en la religión azteca, pues si los hombres no han podido existir sin la creación de los dioses, éstos a su vez necesitan que el hombre los mantenga con su propio sacrificio y que les proporcione como alimento la sustancia mágica, la vida, que se encuentra en la sangre y en el corazón humanos".

En su tiempo, sin embargo, esta práctica religiosa causó el horror de los conquistadores y los religiosos, quienes la vieron como un signo de barbarie. Lo mismo ocurre con las interpretaciones actuales, pues se afirma que con la conversión de millones de habitantes mexicanos al cristianismo, la virgen aplastó a la serpiente.

Esta afirmación da pie a varias interpretaciones a partir del símbolo. En primer término, se está indicando que la virgen destruyó la maldad, considerando que la serpiente es el símbolo del mal por excelencia en la religión cristiana, tal como lo expone el pasaje bíblico sobre la expulsión del paraíso de Adán y Eva. Así, numerosas imágenes de la virgen de Guadalupe, que circulan en México y el extranjero, la muestran colocando sus pies sobre una serpiente, al contrario de la forma como se apareció en la tilma de Juan Diego, esto es, de pie sobre la luna y un ángel.

Simbolismo de la serpiente para el México antiguo

¿Qué significado tenía la serpiente para los pueblos mesoamericanos?

La serpiente se encuentra presente en varias deidades mesoamericanas, pero la más destacada es Quetzalcóatl, cuyo vocablo proviene de los elementos coatl, que significa serpiente y quetzal, que significa pluma verde, de modo que su significado completo es "serpiente de plumas verdes" o "serpiente armada de plumas".

El arqueólogo Roman Piña Chan en su obra *Quetzalcóatl*, publicada en 1995, señala que es una de las deidades más antiguas de mesoamérica, ya existente antes de la era cristiana. "Tuvo su origen en una vieja deidad del agua (la serpiente-nube de lluvia), asociada al rayo-trueno-relámpago-fuego. Su creación y culto se realizó en Xochicalco (o Tamoanchán) hacia los fines del horizonte clásico de Mesoamérica. Los sacerdotes llevaban sus atributos y su nombre; uno de ellos, llamado Ce Ácatl Topiltzin, fue el que llevó el culto de la deidad a Tula, Hidalgo, como otros con el mismo nombre, pero traducido a diversas lenguas, lo llevaron a otras partes. El Quetzalcóatl de los toltecas fue distinto al de los mexicas, ya que se transformó en Dios del aire (Ehécatl)."

Dios del viento para los mexicas, y personaje real en las leyendas de los viejos pueblos mesoamericanos, Roman Piña Chan afirma que a Quetzalcóatl se le considera "gemelo divino" porque encarna en el lucero del amanecer y en el de la tarde, asociado con Venus. A esta deidad "se le adjudicó todo lo bueno y sabio: la creación del Quinto Sol y de los nuevos hombres, el descubrimiento del maíz y de la agricultura, la invención del calendario, la invención del tiempo anual, la producción de la lluvia y la vegetación, el descubrimiento de las piedras preciosas y de los metales, etcétera".

También, dice el arqueólogo: "fue el arquetipo (modelo) que dio origen a una serie de sacerdotes y caudillos que al seguir su ejemplo fueron elevados a semidioses o personajes míticos. Fue creador y dador de vida, lo mismo que dios del viento; aspectos que, elaborados por los sacerdotes, fueron perdiendo temporalmente su simbolismo y significación para volverse explicación de hechos reales y positivos, es decir, historia envuelta en el mito y la leyenda, la que a su vez fue reelaborada por cronistas e historiadores, quienes contribuyeron a hacerla más confusa".

Ejemplo de ello es la ubicación de Quetzalcóatl como personaje real. Tuvo su fuente en la leyenda de Ce Ácatl Topiltzin, sacerdote que llevaba el nombre del dios, estableciendo su culto en Cholula, Puebla, donde fue gobernante. Diversos cronistas y frailes del siglo XVI destacaron sus virtudes. Por ejemplo Francisco López de Gómara, quien escribió: "fue Quetzalcóatl hombre virgen, penitente, honesto, templado, religioso y santo; predicó la ley natural y la apoyó con el ejemplo. Los indios lo creen dios, y que desapareció a la orilla del mar, ignorándolo o encubriendo la verdad de su muerte y considerándolo numen del viento".

La leyenda cuenta que el dios desapareció en las costas del Golfo, en Coatzacoalcos. Pero antes de partir, prometió a los habitantes de Cholula su regreso, para "regirlos y consolarlos", lo cual habría de suceder por el oriente, en el año Ce Ácatl. (1 Caña.)

Tan importante fue este pronóstico para los aztecas, que definió el rumbo de su historia.

Al llegar los españoles a tierras americanas en 1519, Moctezuma creyó que Quetzalcóatl había regresado para tomar el mando de su reino tolteca, pues este año equivalía al año Ce Ácatl de los aztecas.

También basada en la leyenda, es la disertación que en el siglo XVII sostuvo el erudito Carlos Sigüenza y Góngora. Con base en el estudio minucioso del carácter del personaje, los lugares donde transitó, así como las cruces que aparecieron en varios de estos sitios, las que a decir de los pobladores, habían sido colocadas por este personaje, Góngora concluyó que Quetzalcóatl era el apóstol Santo Tomás, que predicó el cristianismo en aquellas regiones.

Finalmente, en 1949, Paul M. Hanson, expuso en su libro *Jesucristo entre los antiguos americanos*, que: "nuestro Señor Jesucristo apareció poco después de la resurrección... entre los antepasados de los indios americanos, como Quetzalcóatl".

Los antecedentes aquí expuestos, muestran una de las muchas concepciones que las culturas mesoamericanas tenían de la serpiente, en este caso, de la "serpiente emplumada". Era, pues, un dios creador, dador de vida, no un destructor de ella, mientras que como personaje real, como mito creado por la leyenda, se le atribuían virtudes de santidad.

Dicho de otro modo, los antiguos mexicanos desconocían el sentido de maldad aplicado a la serpiente por la cultura occidental, específicamente por la religión cristiana. Por tanto, la significación de las palabras "la que aplasta la serpiente", difícilmente pudo haber provenido de su cultura.

Antecedentes de la diosa Tonantzin

Como atestiguan numerosas obras históricas, la deidad a quien se rendía culto en el Tepeyac era Tonantzin. El vocablo significa "nuestra madre", ya que se utiliza para todas las madres, para todas las deidades femeninas a quienes se rendía culto en el México prehispánico.

Sobre su origen, refiere el antropólogo Alfonso Caso: "tres diosas, que aparentemente son aspectos de una misma divinidad, representan a la tierra en su doble función de creadora y destructora: Coatlicue, Cihuacóatl y Tlazoltéotl. Sus nombres significan 'la de falda de serpientes', 'mujer serpiente' y 'diosa de la inmundicia'.

Coatlicue tiene en los mitos aztecas una importancia especial porque es la madre de los dioses, es decir, del sol, la luna y las estrellas. Ya hemos visto cómo nace de ella milagrosamente Huitzilopochtli en el momento en que las estrellas, capitaneadas por la luna, pretenden matarla porque no creen en el prodigio de la concepción divina, y cómo el sol —Huitzilopochtli— sale de su vientre armado del rayo de luz y mata a la luna y a las estrellas".

La Coatlicue, describe Alfonso Caso: "lleva una falda formada por serpientes entrelazadas, de acuerdo con su nombre, sostenida por otra serpiente a manera de cinturón. Un collar de manos y corazones que rematan en un cráneo humano, oculta en parte el pecho de la diosa. Sus pies y manos están armados de garras, porque es la deidad insaciable que se alimenta con los cadáveres de los hombres; por eso se llama también 'la comedora de inmundicias'. Pero sus pechos cuelgan exhaustos porque ha amamantado a los dioses y a los hombres, porque todos ellos son sus hijos, y por eso se le llama 'nuestra madre', Tonantzin, Teteoninan, 'la madre de los dioses', y 'Toci', 'nuestra abuela'. (...) De la cabeza cortada salen dos corrientes de sangre, en forma de serpientes representadas de perfil, pero al juntar sus fauces forman un rostro fantástico. Por detrás le cuelga el adorno de tiras de cuero rojo, rematadas por caracoles, que es el atributo ordinario de los dioses de la tierra. La figura no es la representación de un ser, sino de una idea. (...) Es una síntesis de las ideas de amor y destrucción que corresponden a la tierra".

Cihuacóatl, otro nombre de esta diosa, "es la patrona de las Cihuateteo, que de noche vocean y braman en el aire; son las mujeres muertas en parto, que bajan a la tierra, en ciertos días dedicados a ellas por el calendario, a espantar en las encrucijadas de los caminos, y son fatales a los niños. En tiempos posteriores Cihuacóatl se transformó en 'La Llorona' de nuestra conseja popular".

Por su parte Tlazoltéotl tenía una gran importancia en el culto azteca. Madre de Centéotl, dios del maíz, es también "la comedora de inmundicias", porque come los pecados de los hombres, y así los deja limpios. También es la patrona de los partos y nacimientos, por lo que los sacerdotes que le rendían culto, tenían la obligación de decir el horóscopo del recién nacido y darle el nombre de acuerdo con el día en que nacía.

Por otra parte, de acuerdo con la investigación antropológica de María Elena Maruri, *Simbolismo y cosmovisión en las prácticas religiosas*, en la cumbre del Tepeyac se le rendía culto bajo una de sus representaciones: Toci. La deidad se asociaba básicamente con la luna, con los ciclos de la vida y la muerte y con los ciclos de la menstruación.

Para la cosmogonía de los otomíes, grupo indígena cuya región comprendía el cerro del Tepeyac, la luna era el astro regente. Es decir, había tenido un papel fundamental en la formación del universo, era una entidad gobernadora y dado su poder, influía sobre la población. Se le consideraba la madre, la dadora de vida, y también "la guerrera", entendiendo por ello "la que pelea a muerte".

Por otra parte, la población nativa concebía a los cerros como dadores de vida, como entidades con vida propia, que a su vez tenían un dios protector. En este sentido, el Tepeyac era un santuario, un lugar sagrado donde se hacían rituales a la madre tierra. A su vez, señala Clavijero, en el Tepeyac se adoraba a Tonantzin con sacrificios humanos, entre otros rituales.

Los datos expuestos, denotan la importancia de esta deidad en la cultura azteca y otomí. Tonantzin representa a la tierra y, por tanto, a la fecundidad, expresada en diversas formas: el nacimiento de los dioses, de los hombres y de los alimentos. Por ser la tierra, justamente, es considerada como la madre, a la que se ama y se teme a la vez.

Esta visión, sin embargo, aunque fue comprendida por los españoles dedicados a la investigación de la cultura antigua, de poco sirvió ante su propia visión del mundo. El asombro, el horror y el rechazo ante la religión nativa, encontró su justificación en la religión cristiana, pues se asociaba a los dioses con "el demonio" y a las diosas con "el demonio en forma de mujer". A esto contribuyeron las imágenes de los dioses, representadas, por ejemplo, con serpientes y cráneos (como aparece la Coatlicue), así como el culto a éstos, especialmente el sacrificio humano.

Así, ante la visión y práctica del culto cristiano, la religión de los aztecas y de otros pueblos siempre aparecía en posición desventajosa; era la muestra de un pue-

blo "bárbaro", "salvaje", que al fin había sido iluminado y liberado, como decía Fray Bernardino de Sahagún.

Contraria era la opinión de los nativos. El culto a la Tonantzin en el Tepeyac, continuó hasta fines del siglo XVI, como refieren los cronistas de esta época.

La virgen de Guadalupe y su relación con la Tonantzin

En su primera aparición, la virgen de Guadalupe define su naturaleza ante Juan Diego al decirle: *Sábelo, ten por cierto, hijo mío, el más pequeño, que yo soy la perfecta siempre Virgen Santa María, madre del verdaderísimo Dios por quien se vive, el creador de las personas, el dueño de la cercanía y de la medianía, el dueño del cielo y de la tierra.*

(...) Porque yo en verdad soy vuestra madre compasiva, tuya y de todos los hombres que en esta tierra están en uno, y de las demás variadas estirpes de hombres, mis amadores, los que a mí me clamen, los que me busquen, los que confíen en mí. Porque allí (en el templo) *les escucharé su llanto, su tristeza, para remediar, para curar todas sus diferentes penas, sus miserias, sus dolores.*

El más elevado sentimiento de protección materna se muestra en el pasaje en que la virgen sale al encuentro de Juan Diego, quien la había esquivado. Ella le dice: *¿No estoy yo aquí, que soy tu madre? ¿No estás bajo mi sombra y mi resguardo? ¿No soy tu alegría? ¿No estás en el hueco de mi manto, en mi regazo?*

A su vez, Juan Diego se dirige a la virgen con gran respeto y reverencia, la llama "mi señora, mi niña, la más pequeña de mis hijas". Así pues, el encuentro entre la virgen de Guadalupe y Juan Diego, denota un vínculo de fraternidad, de amor maternal. La virgen es la madre que se preocupa y procura el bienestar de sus hijos, "mis amadores", como les llama, y en particular de Juan Diego, a quien ha escogido para cumplir la importante misión.

La semejanza de elementos religiosos entre la virgen de Guadalupe y la Tonantzin es notoria. En esencia, ambas son entidades divinas y son madres. Toci, es la madre, diosa de la fecundidad; la virgen de Guadalupe, sin ser una diosa, representa a la fecundidad justamente porque es madre.

El contraste entre ambas radica en el carácter; Toci, como representante de la tierra, crea y a la vez destruye, es guerrera, mientras que la virgen de Guadalupe es amor y bondad. Pero esto tiene su explicación en la naturaleza de ambas deidades: Toci es la tierra, mientras que la virgen representa a un ser humano divinizado.

Ambas, sin embargo, son creadoras de dioses. Mientras que Coatlicue da vida al sol, la luna y las estrellas, la virgen de Guadalupe da a luz a Jesucristo. Como diosas tienen un lugar trascendente en la existencia, ya que dominan sobre el aspecto femenino de la vida, sobre la maternidad, en esencia. Por tanto, están dotadas de una gran fuerza y capacidad para procrear, cuidar y proteger a sus hijos. Ambas, en síntesis, representan el sustento espiritual, indispensable para la existencia.

Los estudiosos de la historia del guadalupanismo sostienen que esta relación obedece a un "sincretismo cultural", en otras palabras, que la cultura vieja (la indígena) adopta elementos de la cultura nueva (la española), que son similares a los suyos, como una forma de perpetuar sus creencias.

Actualmente, se cuentan por miles las personas que acuden a la Basílica para rendir culto a la virgen de Guadalupe. Entre ellos, indígenas de diversos puntos de la república acostumbran realizar diversos ritos en su honor, como danzar en el atrio o llevarle presentes.

Esta manifestación se asocia con los cultos antiguos que se realizaban en el Tepeyac en honor a la Tonantzin. Otro ejemplo se encuentra también en los rituales que actualmente se llevan a cabo en honor a los cerros cercanos a Huixquilucan, según el estudio de Elena Maruri. Se ilustra también esta tradición en la visión que los habitantes de las faldas del Popocatépetl tienen del volcán, como entidad con vida y poder. Ante los pronósticos de erupción del volcán, los pobladores afirman que "Don Goyo", como le llaman, ha de avisar el momento en que deben desocupar sus moradas.

Es factible esta teoría, si consideramos que la religión de los antiguos mexicanos estaba fuertemente unida a la naturaleza, como lo está, hoy día, la población rural y campesina, tanto indígena como mestiza. Conviven con la tierra todos los días, la cuidan y respetan, porque es la madre que los alimenta y da la vida. Así también los cerros, se respetan como lugares sagrados, como entidades que son parte de su existencia y de la tierra. A la vez, mantienen altares en sus casas con imágenes cristianas, entre ellas la virgen de Guadalupe, o acuden en peregrinación a la Basílica para pedir protección a la madre.

Es posible, entonces, que las culturas antiguas convivan con la nueva, del mismo modo en que conviven, aunque apartados cada quien en su mundo, los indígenas, los mestizos y los criollos en una misma época.

Antecedentes de Juan Diego

La mayor parte de los estudiosos coinciden en que Juan Diego nació en 1474 en el *calpulli* (barrio) de Tlayacac, perteneciente a Cuauhtitlán, mismo que fue establecido en 1168 por los nahuas y posteriormente conquistado por el jefe Azteca Axayacatl en 1467. Este lugar se sitúa a veinte kilómetros al norte de Tenochtitlan, ciudad de México.

Su nombre de nacimiento fue Cuauhtlatoatzin, traducido como "el que habla como águila" o "águila que habla". El *Nican Mopohua* lo describe como un *macehualtzintli*, un *pobre hombre del pueblo*, a quien se aparece por primera vez la virgen de Guadalupe. Este vocablo significa en náhuatl "hombre común o del pueblo", y no "pobre indio" o "indito", como se ha traducido en numerosas versiones del *Nican Mopohua*. Es decir, pertenecía a la numerosa y baja clase del Imperio Azteca, a la vez que no formaba parte de ninguna de las categorías de mayor posición en el Imperio, tales como funcionarios, sacerdotes, guerreros, mercaderes, etcétera.

Siendo un "hombre del pueblo", Juan Diego se califica a sí mismo como persona de posición inferior, lo cual se observa cuando dice: *Te pido, Señora mía, mi muchachita, que le encargues a algunos de los nobles más estimados, que sean respetados, honrados, que lleven tu mensaje. Porque yo soy un hombre del campo, soy mecapal, soy parihuela, soy cola, soy ala; No es lugar de mis caminos allá donde me mandas, hija mía, señora mía.* Y atribuye a esta condición su falta de credibilidad ante el obispo.

Juan Diego trabajaba la tierra y fabricaba mantas que luego vendía. Era dueño de su pedazo de tierra y tenía una pequeña vivienda en ella, donde vivía con su esposa.

En los años 1524 o 1525 se produce su conversión al cristianismo y fue bautizado con el nombre cristiano de Juan Diego, en tanto que su esposa, también bautizada, recibió el nombre de María Lucía. Es posible que hayan recibido el bautismo del misionero franciscano Fray Toribio de Benavente, llamado por los indios "Motolinia" o "El pobre", en vista de su extrema gentileza y piedad, y por la ropa sencilla con que se vestía.

De acuerdo con la primera investigación formal realizada por la Iglesia sobre los sucesos, las *Informaciones Guadalupanas* de 1666, Juan Diego parece haber sido un hombre sumamente devoto y religioso, aún antes de su conversión. Era persona reservada, de místico carácter, inclinado a largos silencios y frecuentes penitencias, que acostumbraba caminar desde su poblado hasta Tenochtitlan, a 20 kilómetros de distancia, para recibir la instrucción religiosa en el Colegio de Santa Cruz. Así se describe en el relato de Antonio Valeriano cuando se cuenta: "y en las cosas de Dios, en todo pertenecía a Tlatilolco".

Llevaba una vida apacible, hasta que su esposa María Lucía fallece en 1529. Entonces se traslada a vivir con su tío Juan Bernardino en Tolpetlac, que le quedaba más cerca de la iglesia en Tlatilolco, a 14 kilómetros.

Juan Diego caminaba cada sábado y domingo a la iglesia, partiendo en la mañana, antes que amaneciera, para llegar a tiempo a la misa y a las clases de instrucción religiosa. En esas frías madrugadas, usaba una manta, *tilma* o *ayate*, tejida con fibras del maguey, ya que el algodón sólo era usado por la población privilegiada.

Durante una de sus caminatas rumbo a Tenochtitlan, que le tomaban unas tres horas y media a través de montañas y poblados, ocurre la primera aparición de Nuestra Señora, en el lugar conocido hoy en día como "Capilla del Cerrito". Ahí, la virgen le habló en su idioma, el náhuatl, diciéndole con gran ternura: "Juan, Juan Dieguito", "el más pequeño de mis hijos".

Juan Diego tenía 57 años de edad en el momento de las apariciones; ciertamente una edad avanzada. Luego del milagro de Guadalupe, Juan Diego fue a vivir a un pequeño cuarto, al lado de la capilla que alojaba la santa imagen. Había dejado sus pertenencias a su tío Juan Bernardino, ya que dedicó el resto de su vida a la difusión del relato de las apariciones, entre la gente de su pueblo.

Se cree, asimismo, que amaba sobremanera la Sagrada Eucaristía, ya que por permiso especial del obispo recibía la comunión tres veces por semana, práctica nada común en aquellos tiempos.

Así, tras dedicar 16 años al culto de la virgen de Guadalupe, muere el 30 de mayo de 1548, a la edad de 74 años. A decir de Francis Johnston en su libro ya citado, Juan Diego fue enterrado en el santuario original erigido a la virgen. Es posible que esto haya sucedido en virtud del lugar privilegiado que para entonces ocupaba ante la sociedad, y también por su origen noble, de lo cual hablamos más tarde.

Es importante puntualizar que en años recientes se han llevado a cabo estudios históricos y antropológicos sobre la región donde nació Juan Diego, y sobre su biografía. Estos señalan que Cuauhtitlán no estaba dominada por los nahuas, ya que pertenecía a los otomíes. Este grupo indígena, de hecho, estaba en contra de los nahuas y mantenía su autonomía gracias al poder político y militar con que contaba. Dada esta capacidad, pudo respaldar a los españoles en la guerra contra los nahuas, pero una vez ocurrida la conquista, mantuvo su autonomía frente a los conquistadores.

Cuauhtitlán fue una ciudad de gran importancia por ser la capital. Juan Diego era uno de los tlatoanis (gobernantes) de la ciudad, ya que formaba parte del Consejo de Ancianos el cual, como es sabido, constituía el gobierno político y administrativo de cada región indígena en esta época. El hecho de que fuera miembro de este Consejo se debió a que cubría los requisitos básicos que se requerían, entre los principales: haber nacido en la región, ser una persona mayor de edad acreditada socialmente, y lo más importante: ser noble por herencia.

El hecho de ubicar a Juan Diego como un tlatoani y un pilli (noble) es sumamente importante en los estudios históricos. La hipótesis que existe al respecto, se sustenta en su nombre original, Cuauhtlatoatzin. Desglosando los elementos del nombre, tenemos lo siguiente: *cuauhtli*, significa "águila"; *tlatoani*, significa "el que habla"; y *tzin* es un sufijo reverencial que significa "el orador", es decir, que terminada la palabra con este sufijo, destaca la calidad o nobleza de quien lleva este nombre. En conjunto, Cuauhtlatoatzin significa "águila que habla".

De este modo, se observa que los tres elementos designan un nivel alto dentro del orden de la sociedad prehispánica. No cualquier persona podía llamarse "águila" porque este nombre se daba únicamente a la clase guerrera, la cual se integraba por personas pertenecientes a la nobleza. Por otra parte, el ser orador o tener capacidad de palabra y de convocatoria, era una cualidad cultivada por un grupo privilegiado; debía ser una persona educada ex profeso en una escuela. De igual modo, si vemos que Tlatoani significa "el que habla", se entiende entonces que el gobernante debía dominar tal arte.

Por otra parte, es conocido que durante los primeros años de la conquista, los españoles establecieron acuerdos con los Tlatoanis (gobernadores) de los pueblos cercanos a Tenochtitlan, permitiendo que siguieran en sus puestos manteniendo el control de sus comunidades.

Esto se explica en las rebeliones permanentes de esos pueblos, que requerían de una gran cantidad de hombres y armamento, recursos que para entonces la corona ya no estaba dispuesta a solventar, mucho menos ante el saqueo de bienes que los españoles realizaban en las poblaciones.

El objetivo principal era lograr el domino y la pacificación de la población, de modo que, al mantener la organización política original los españoles lograrían tener de su lado a los gobernadores, quienes a su vez mantendrían el control de la población. Era una medida práctica en tiempos de guerra, y ante una región tan vasta, pues a la postre, se vislumbraba, que el gobierno español terminaría por establecer su propia organización política y, por tanto, tener el dominio absoluto.

Así pues, Juan Diego continúa en su cargo político, al tiempo que recibe el bautismo; esto último ocurre una vez que se convirtió a la fe católica por decisión propia, pero también por su linaje, pues es importante subrayar que en un principio, los nobles recibían el bautismo preferentemente. No se sabe hasta qué año detentó este cargo, pero se considera que posterior a la aparición de la virgen renunció a él, ya que entonces se dedicó por completo a su culto.

El papa Juan Pablo II alabó su fe, enriquecida por la enseñanza religiosa y lo definió como un modelo de humildad, tomando en cuenta las palabras que dijo a la virgen: *Soy un hombre del campo, soy mecapal, soy parihuela, soy cola, soy ala.*

En abril de 1990 Juan Diego fue beatificado por el papa Juan Pablo II en el Vaticano. Al siguiente mes, en la Basílica de Nuestra Señora de Guadalupe, durante su segunda visita al Santuario, su Santidad presidió la solemne ceremonia de beatificación. En Julio de 2002 fue canonizado en una ceremonia presidida por Juan Pablo II y realizada en la Basílica de Guadalupe.

Capítulo 3
Apariciones de la virgen de Guadalupe a Juan Diego

Primera aparición

El arribo del sábado 9 de diciembre de 1531, fue especial y significativo para el campesino Juan Diego, pues el acontecimiento que estaba por llegar, habría de cambiar por completo su existencia. Todavía oscuro el firmamento, Juan Diego había salido de su casa en Cuauhtitlán, poblado ubicado en el norte de la ciudad, donde vivía al lado de su tío Bernardino. Iba camino al convento de Santa Cruz, en Tlatilolco, donde aprendía el evangelio bajo la enseñanza de los padres franciscanos.

Sucedió entonces que al llegar cerca del cerro del Tepeyac, justo cuando amanecía, escuchó el canto de muchos pájaros, cantos hermosos que incluso superaban la dulzura de otras aves finas como el coyototl y el tzinitzcan.

Juan Diego se detuvo, cautivo escuchaba hacia la cumbre del cerro, por donde salía el sol, pues de ahí procedía el canto. Pensó que tal vez era un sueño lo que estaba viviendo. *¿Dónde estoy, dónde me veo? ¿Acaso allá donde dejaron dicho los antiguos nuestros antepasados, nuestros abuelos: en la tierra de las flores, en la tierra del maíz, de nuestra carne, de nuestro sustento, acaso en la tierra celestial?* pensó, emocionado.

De pronto, cuando se detuvo el canto, escuchó una voz que lo llamaba desde la cima del cerro, diciéndole: *Juanito, Juan Dieguito*. Resuelto y sin ningún temor, antes bien dominado por una gran alegría, subió hacia la cumbre del cerro, para ver quién lo llamaba. Al llegar ahí, una doncella que estaba de pie lo miró y lo llamó.

Juan Diego se acercó, y al acto quedó admirado de todo lo que rodeaba a la joven: su vestido brillaba como un sol en pleno movimiento de la mañana; la piedra donde estaba de pie, daba la impresión de lanzar rayos; ella misma resplandecía como una joya; la tierra parecía relumbrar como resplandece el arco iris en la niebla, y los mezquites, nopales y otras hierbas del monte, también parecían piedras preciosas, como oro o esmeraldas se veía su follaje, su tronco, sus espinas.

Ante esta mágica visión, Juan Diego cayó de rodillas frente a ella, enseguida escuchó su voz cuando le dijo: *Hijo mío, el menor, Juanito, ¿A dónde te diriges?* Él le contestó: *Mi Señora reina, muchachita mía, allá llegaré a tu casita de México, Tlatilolco, a seguir las cosas de Dios que nos dan, que nos enseñan quienes son las imágenes de Nuestro Señor, nuestros sacerdotes.*

La joven lo escuchó con atención, más impaciente, como quien tiene algo muy importante que decir, apresuró a manifestar su deseo: *Sábelo, ten por cierto, hijo mío, el más pequeño, que yo soy la perfecta siempre Virgen Santa María, madre del verdaderísimo Dios por quien se vive, el creador de las personas, el dueño de la cercanía y de la medianía, el dueño del cielo y de la tierra. Mucho quiero, mucho deseo, que aquí me levanten mi Noteocaltzin (casita sagrada), en donde lo mostraré, lo ensalzaré al ponerlo de manifiesto: Lo daré a la gente en todo mi amor, en mi mirada compasiva, en mi auxilio, en mi salvación.*

Porque yo en verdad soy vuestra madre compasiva, tuya y de todos los hombres que en esta tierra están en uno, y de las demás variadas estirpes de hombres, mis amadores, los que a mí me clamen, los que me busquen, los que confíen en mí. Porque allí les escucharé su llanto, su tristeza, para remediar, para curar todas sus diferentes penas, sus miserias, sus dolores.

Y para realizar lo que pretende mi compasiva mirada misericordiosa, ve al palacio del obispo de México, y le dirás cómo yo te envío, para que le descubras, cómo mucho deseo, que aquí me provea de una casa, me erija en el llano mi Noteocal (casa sagrada); todo le contarás, cuanto has visto y admirado, y lo que has oído.

Ten por seguro que mucho lo agradeceré y lo pagaré; que por ello te enriqueceré, te glorificaré. Y mucho de allí merecerás con que yo te retribuya tu cansancio, tu servicio con que vas a solicitar el asunto al que te envío. Ya has oído, hijo mío, el menor, mi aliento, mi palabra. Anda, has lo que esté de tu parte.

Cada una de las palabras que escuchó provocaron su asombro, mas luego le dijo: *Señora mía, Niña, ya voy a cumplir tu mandato, tu venerable palabra. Por ahora me despido de ti, yo, tu mocnomacehual (humilde siervo).*

Juan Diego descendió del cerro para cumplir con la encomienda. Se fue rumbo a la calzada que lo llevaría directo a México. En cuanto llegó a la ciudad se dirigió de inmediato al palacio del obispo, que hacía poco tiempo había llegado. Llamábase Fray Juan de Zumárraga, sacerdote de San Francisco.

Llegando ahí, preguntó por él a sus ayudantes y servidores, les dijo que solicitaba verlo. Ahí estuvo esperando hasta que después de un largo tiempo vinieron a llamarlo, a decirle que el señor obispo había mandado que entrara. Luego que lo hizo, se postró ante él. Aún conmovido y maravillado, le contó lo que había visto y escuchado, así como el mensaje de la Señora del cielo. El prelado escuchó con paciencia, pero no le creyó, pues le respondió: *Otra vez vendrás, hijo mío; con calma te escucharé, desde el principio veré, estudiaré la razón por la que has venido, y tu voluntad.*

Juan Diego salió del palacio del obispo; caminaba lento, iba triste por no haber cumplido con su encargo.

Segunda aparición

Ya anochecía cuando regresó, enfiló derecho a la cumbre del pequeño cerro. Por fortuna encontró a la señora del cielo, que lo aguardaba en el mismo lugar donde se le apareció la primera vez. Juan Diego la miró al tiempo que se inclinaba ante ella, luego le contó su pena: *Señora, hija mía, la más pequeña, muchachita. Fui a donde me enviaste a cumplir tu mandato; aunque con dificultad entré donde vive el señor sacerdote, lo vi, le di tu mensaje, como me lo mandaste. Me recibió amablemente y escuchó*

todo muy bien, pero por lo que me respondió creo que no lo entendió, no lo tiene por verdadero. Me *dijo:* Otra *vez vendrás, hijo mío; con calma te escucharé, desde el principio veré la razón por la que has venido, y tu voluntad, tu deseo.*

Por *lo que contestó yo me di cuenta que piensa que tu casa que deseas te construyan aquí, es pura invención mía, o que tal vez no venga de tu boca.* Te *pido,* Señora *mía, mi muchachita, que le encargues a algunos de los nobles más estimados, que sean respetados, honrados, que lleve tu mensaje.* Porque *yo soy un hombre del campo, soy mecapal, soy parihuela, soy cola, soy ala;* No *es lugar de mis caminos allá donde me mandas, hija mía, señora mía.* Por *favor perdóname, si causo pena a tu corazón, caeré en tu enojo, en tu disgusto,* Señora, Dueña *Mía.*

En seguida le respondió la virgen: Escucha, *el más pequeño de mis hijos.* Ten *por cierto que no son escasos mis servidores y mensajeros a quienes encargue que lleven mi palabra, para que realicen mi voluntad.* Pero *es muy necesario que tú personalmente vayas y ruegues, que por tu intervención se cumpla mi deseo, mi voluntad.* Mucho *te ruego, hijo mío, el menor, y con rigor te mando, que vayas mañana otra vez a ver al obispo.* De *mi parte hazle oír mi voluntad, para que realice el templo que le pido.* De *nuevo dile de qué modo yo, personalmente, la* Siempre Virgen Santa María, *yo, que soy la madre de* Dios, *te envío.*

Juan Diego le respondió: Señora, *muchachita mía, no quiero angustiarte.* Gustoso *iré a cumplir con tu mensaje, de ningún modo lo dejaré de hacer ni encontraré fatigoso el camino.* Iré *a cumplir tu voluntad, pero quizá no seré oído con agrado, o si fuera escuchado, quizá no se me creerá.* Mañana *en la tarde, cuando se vaya el sol, vendré a dar razón de tu mensaje con lo que responda el sacerdote.* Ya *de ti me despido, hija mía, la más pequeña, mi niña y señora. Descansa un poco.* Luego de hablarle se fue a su casa para descansar.

A la mañana siguiente, ya en domingo, todavía estaba oscuro cuando salió de su casa rumbo a Tlatilolco, para recibir la instrucción de Dios y ser registrado en la lista. A las diez, luego de que escuchó la misa, pasó en la lista y se hubo dispersado la gente, Juan Diego fue al palacio para ver al obispo. Ya estando ahí, luego de mucha dificultad, lo vio. No evitó la pena, la desolación, al contarle de nuevo el mensaje de la reina del cielo, y decir que esperaba fuera escuchado su deseo de que le construyeran su casa donde había mandado.

Esta vez, el obispo quiso asegurarse, ya que le preguntó dónde la vio, cómo era ella. Juan Diego describió detalladamente la figura de la virgen, y todo lo que había visto y admirado, de manera que todo ello mostraba que era ella la perfecta virgen, madre del salvador, nuestro señor Jesucristo. El obispo declaró que no sólo por su palabra, por su petición, habría de realizarse lo que él pedía. Era necesaria otra señal para probar que él era enviado por la Reina del Cielo en persona.

A Juan Diego se le iluminó el rostro y entusiasta contestó: *Tlacatlé Tlatoanié (Señor Gobernante), considera cuál será la señal que pides, porque luego iré a pedírsela a la Señora del Cielo que me envió.*

El obispo advirtió la resolución de su actitud y sus palabras ante el hecho que ya le había contado, y cómo no se desmentía en nada. Entonces, luego de despacharlo, mandó a unas personas de su confianza para que lo siguieran y vigilaran a dónde iba y a quién veía y hablaba.

Saliendo del palacio, Juan Diego caminó por la calzada, seguido por los hombres. Mas donde se ve la barranca, cerca del puente Tepeyac, lo perdieron. Luego de buscarlo por todas partes, regresaron muy molestos porque se sintieron burlados y que habían fallado en su misión. Entonces fueron a informar al obispo de lo sucedido, incitándole a que no le creyera; dijeron que sólo trataba de engañarlo, que todo lo que contaba era producto de su invención o de un sueño. Finalmente, quedaron entre ellos que si el hombre regresaba otra vez, lo habían de castigar duramente para que nunca más mintiera o engañara.

Tercera aparición

Mientras tanto, Juan Diego estaba con la Santísima Virgen, diciéndole la respuesta que traía del señor obispo. Luego que escuchó la señora, le dijo: *Bien está, hijito mío. Volverás aquí mañana para que lleves al sacerdote la señal que te ha pedido; con esto te creerá y ya no dudará ni sospechará de ti. Y sabe, hijito mío de mi corazón, que yo te pagaré tu cuidado, el trabajo y cansancio que por mí has emprendido. Vete ahora, que mañana aquí te espero.*

Al día siguiente, lunes, cuando Juan Diego debía llevar alguna señal para ser creído, ya no regresó. Porque al llegar a su casa se encontró con que un tío que tenía, de nombre Bernardino, se había enfermado más, estaba muy grave. Todavía fue a llamar a un médico, aún trató de ayudarlo, pero ya no era tiempo, ya estaba muy mal. Ya en la noche, su tío le rogó que en la madrugada, cuando aún estuviera oscuro, se fuera a Tlatilolco para que trajera a un sacerdote que lo confesara y lo preparara, porque estaba seguro de que ya era el tiempo de su muerte, que ya no se levantaría, no se curaría.

Y el martes, todavía de noche, Juan Diego salió de su casa para llamar al sacerdote, en Tlatilolco. Pero en el trayecto, cuando pasó por el camino que sale cerca de la ladera del cerro, que era la terminación de la Sierra, justo hacia el lugar donde se mete el sol, se dijo por dentro: *Si me voy derecho por el camino, no vaya ser que me vea esta señora y seguro me detendrá, como antes, para que le lleve la señal al gobernante religioso como me lo ordenó. Que primero nos deje nuestra aflicción, que antes yo llame de prisa al sacerdote; mi tío solamente lo está esperando.* Luego, dio vuelta al cerro, subió por un sendero de él y pasó al otro lado, hacia el oriente, para llegar pronto a México y que no lo detuviera la Reina del Cielo.

Cuarta aparición

Juan Diego pensó que por donde dio la vuelta no lo podía ver la que absolutamente mira a todas partes. Entonces la vio bajar de la cumbre del cerrito; de ahí lo había estado mirando, de donde antes lo veía. Salió a su encuentro, al lado del cerro, y ahí le dijo: ¿*Qué sucede al menor de mis hijos*? ¿A *dónde vas*? ¿A *dónde te diriges*?

Y el campesino, ¿Quizá se avergonzó? ¿Quizá se espantó, se puso temeroso?, se inclinó ante ella con una reverencia, la saludó y le dijo: M*i muchachita, la más* *pequeña de mis hijas, Niña mía, espero que estés bien. ¿Cómo amaneciste? ¿Sientes sano tu amado cuerpecito, Señora, Niña mía? Con mucha pena voy a causar aflicción a tu corazón, pues sabe, Niña mía, que está muy grave un tío mío, tu servidor. Una gran enfermedad tiene ya adelantada, es seguro que va a morir. Ahora, voy de prisa a tu casita de México, a llamar a uno de los amados de nuestro señor, nuestros sacerdotes, para que vaya a confesarlo y a prepararlo. Porque en realidad para ello nacimos, para esperar el trabajo de nuestra muerte. Mas luego volveré aquí otra vez, para ir a llevar tu palabra, tu mandato, Señora, Muchachita mía, te pido que me perdones, que me tengas un poco de paciencia, porque no te engaño lo que te digo, Hija mía, la pequeña, Niña mía. Mañana vendré a toda prisa.*

Oyendo las palabras de Juan Diego, le respondió la piadosa Virgen: *Escucha, déjalo en tu corazón, hijo mío, el menor; no es nada lo que te asusta, lo que te aflije, que no se perturbe tu rostro, tu corazón. No temas esta enfermedad ni alguna otra enfermedad y angustia. ¿No estoy yo aquí, que soy tu nimonantzin (madre)? ¿No estás bajo mi sombra y mi resguardo? ¿No soy tu alegría? ¿No estás en el hueco de mi manto, en mi regazo? Que no te altere ni te inquiete ninguna otra cosa, que no te aflija la enfermedad de tu tío, porque no morirá de ella por ahora. Ten por verdad que ya está sano.* Y en aquel mismo instante sanó su tío, como después se supo.

Cuando Juan Diego oyó estas palabras, dichas con tanta dulzura y certeza por la Señora del Cielo, mucho fue su consuelo, su alegría. Le pidió que lo enviara en seguida para ver al señor obispo, a llevarle alguna señal y prueba con la que al fin sería creído.

A esto, la Virgen le pidió: *Sube, noxocoyouh (hijo mío, el menor) a la cumbre del cerro, adonde me viste y te di órdenes;*

allá veras que hay flores variadas; córtalas, reúnelas, recógelas. Luego baja aquí, tráelas a mi presencia.

De inmediato se cumplió la orden. Cuando Juan Diego llegó a la cumbre, grande fue su asombro y su deleite ante el brote de tantas rosas de Castilla; eran tan variadas y hermosas, y habían brotado antes del tiempo en que se dan, porque entonces arreciaba el hielo. Además, la cumbre del cerro no era lugar donde se dieran flores, antes bien abundaban rocas, abrojos, espinas, nopales y mezquites, y si alguna hierba se daba, entonces era diciembre, en que todo lo destruye el hielo. Y sin embargo, estas flores estaban ahí; desprendían un olor tan suave y brillaban cubiertas del rocío de la noche, semejantes a perlas preciosas.

Pronto comenzó a cortarlas, todas las reunió y las puso en su regazo. Bajó de inmediato y trajo a la Señora del Cielo las diferentes rosas que cortó. Y ella, así como las vio, las tomó entre sus manos y luego se las puso en el regazo al tiempo que le dijo: *Hijo mío, el más pequeño: esta diversidad de rosas es la prueba y señal que llevarás al obispo. Le dirás en mi nombre que vea en ellas mi deseo, y que por ello cumpla mi voluntad. Y tú que eres mi mensajero, muy digno de confianza, mucho te mando que rigurosamente, a solas, en la presencia del obispo, extiendas tu manta y le enseñes lo que llevas. Contarás bien todo, dirás que te mandé subir a la cumbre del cerrito a que fueras a cortar flores, y todo lo que viste y admiraste; para que de este modo puedas convencer al teopixcatlatoani (gobernante sacerdote) para que dé su ayuda, con el fin de que se haga y erija el templo que le he pedido.*

Una vez que la señora del cielo le dio su mandato, Juan Diego tomó la calzada en dirección a México. Venía muy contento, tranquilo su corazón porque confiaba en que su encargo tendría buen resultado; cuidaba mucho su carga, no fuera a ser que algo se le cayera y mientras, gozaba del aroma de las hermosas flores.

Al llegar al palacio del obispo, salieron a su encuentro el mayordomo y los demás servidores del sacerdote. Les rogó que le avisaran lo mucho que deseaba verlo, pero ellos se negaron. Aparentaban no entenderle, o quizá porque aún era de madrugada, o porque ya lo conocían; sabían que era la persona que acostumbraba importunarlos, pues habían sido informados por los compañeros que lo habían seguido antes.

Así, durante mucho tiempo estuvo esperando la razón. Y cuando los hombres vieron la paciencia del campesino, cómo estaba de pie, con la cabeza agachada, sin hacer nada, esperando ser llamado, y se dieron cuenta de que algo traía envuelto en sus brazos, se acercaron a él con curiosidad.

Juan Diego se dio cuenta de que no podía ocultar lo que traía, y que por ello lo habrían de molestar, empujar o quizá aporrear, así que descubrió un poco su carga para mostrar que eran flores.

Cuando vieron que eran variadas rosas de Castilla, y sabiendo que no era el tiempo en que se daban, mostraron su asombro. Se veían tan frescas, olorosas, abiertas sus corolas, tan preciosas. Siguiendo su impulso, intentaron tomar la manta y sacar algunas, pero las tres veces que lo intentaron, no tuvieron suerte, porque cada vez que iban a cogerlas, ya no veían las flores; parecían pintadas, labradas o cosidas en la manta.

Decidieron avisar al obispo de inmediato; le contaron lo que habían visto, y que el *macehualtzintli* que ya había venido en otras ocasiones, esperaba ansioso entrevistarse con él, pues ya tenía mucho rato ahí, esperando el permiso.

En cuanto escuchó, el obispo se dio cuenta de que aquello era la prueba que pedía para convencerlo y que se llevara a efecto lo que había pedido el hombre. En seguida mandó que lo hicieran pasar.

Juan Diego entró, en su presencia se inclinó como antes lo hiciera, y contó otra vez todo lo que había visto y admirado, así como el mensaje que traía. Emocionado le dijo: *Señor, ya hice lo que me ordenaste. Fui a decirle a la Señora, la Niña Celestial, Sancta María in Teotl Dios Itlazonantin (Santa María, la Amada Madre de Dios), que pedías una prueba para poder creerme, para que le hicieras su casita sagrada, en donde te pidió que la levantaras. También le dije que te había dado mi palabra de venir a traerte alguna señal, alguna prueba de su voluntad, como me lo encargaste. Escuchó con atención tu mensaje y recibió con agrado tu petición de la señal, de la prueba para que se cumpla su amada voluntad. Y hoy, cuando era todavía de noche, me mandó para que otra vez viniera a verte. Le pedí la prueba para ser creído, según había dicho que me la daría, y de inmediato lo cumplió. Me envió a la cumbre del cerrito en donde antes yo la había visto, para que allí cortara diversas rosas de Castilla; las fui a cortar, y luego se las fui a llevar abajo. Y con sus santas manos las tomó, y de nuevo en el hueco de mi manta las vino a echar, para que te las viniera a traer, para que te las entregara en persona. Aunque bien sa-*

bía yo que no es lugar donde se den flores la cumbre del cerrito, pues sólo hay rocas, abrojos, huizaches, nopales, mezquites, no por eso dudé, no vacilé. Cuando fui a llegar a la cumbre del cerrito, miré que ya era el paraíso. Allí estaban ya, todas las diversas flores preciosas, llenas de rocío, esplendorosas; luego las fui a cortar. Me dijo que de su parte te las entregara, y así yo probaría, verías la señal que le pedías para realizar su amada voluntad. Y para que aparezca que es verdad mi palabra, mi mensaje, aquí las tienes, hazme el favor de recibirlas.

Acabando de decir esto, extendió su blanca *itilma* (tilma), pues en un hueco que hizo de ella, había echado las flores. Y así como cayeron al suelo todas las variadas flores preciosas, luego allí se convirtió en señal: se apareció de repente la imagen de la Virgen Santa María Madre de Dios, en la forma y figura en que ahora se encuentra, en donde ahora se conserva en su amada casita en el Tepeyac, que se nombra Guadalupe.

En cuanto la vio el obispo y todos los que allí estaban, se arrodillaron, mucho la admiraron. Se pusieron de pie para verla, se entristecieron, se afligieron, suspenso en el corazón, en el pensamiento... Y el obispo, con llanto, con tristeza, le pidió perdón por no haber realizado su voluntad. Y cuando se puso de pie, desató del cuello de donde estaba atada, la tilma de Juan Diego, luego se la llevó a su adoratorio, donde la colocó.

Juan Diego pasó un día en la casa del obispo, pues éste lo detuvo. Y al día siguiente, le dijo: *Anda, vamos a que me muestres dónde es la voluntad de la Reina del Cielo que le levanten su templo.* De inmediato se ofreció gente para levantarlo. Y Juan Diego, en cuanto mostró el lu-

gar donde había pedido la Señora del Cielo que se erigiera su casita sagrada, pidió permiso. Quería ir a su casa para ver a su tío Juan Bernardino, que estaba muy grave cuando lo dejó para ir a llamar al sacerdote a Tlatilolco, para que lo confesara y preparara.

Pero no lo dejaron ir solo, pues lo acompañaron a su casa. Y al llegar vieron a su tío que ya estaba sano por completo. Él, por su parte, se admiró de la forma en que su sobrino era acompañado y honrado. Le preguntó a qué se debían los honores, y él contó que cuando lo dejó para ir a llamar a un sacerdote, se le apareció en el *Tepeyacac* (Tepeyac) la Reina del Cielo, y lo mandó a México a ver al obispo, para que le hiciera una casa en el cerro del Tepeyac; también le dijo que no se preocupara porque ya su tío estaba bien, y que con esto se consoló.

A esto, su tío contestó que era cierto, que en aquel momento exacto lo sanó, que la vio en la misma forma en que se le había aparecido a su sobrino. Le contó que a él también le había encargado ir a México a ver al obispo para que le contara todo lo que había visto, y la forma en que lo había sanado. Y que la llamarían "la Virgen Santa María de Guadalupe", a ella y su imagen.

Después de un rato, trajeron a Juan Bernardino ante la presencia del obispo, para que diera su testimonio. El obispo los hospedó unos días en su casa, en tanto se levantó la casa sagrada de la Niña Reina en el Tepeyac, donde se hizo ver de Juan Diego. El señor obispo trasladó a la iglesia mayor la imagen de la Señora del Cielo; la sacó del adoratorio de su palacio, donde estaba, para que toda la gente la viera y admirara. Todos los habitantes de la ciudad se conmovieron: venían a ver y admirar su devota imagen, oraban y elevaban sus plegarias ante ella. Mucho se maravillaban que se hubiera aparecido por milagro divino, porque ninguna persona de este mundo pintó su bendita imagen.

Capítulo 4
La construcción de los templos a la Virgen

El 26 de diciembre de 1531, una procesión dirigida por el obispo Zumárraga trasladó la imagen al Tepeyac, para albergarla en una ermita que ahí había sido construida con anterioridad. También se edificó un pequeño cuarto al lado de la ermita, donde habitó Juan Diego, ya que el obispo le asignó su custodia. En 1533, se construyó una capilla más grande conocida como "la segunda ermita".

Años más tarde, entre 1544 y 1548, fray Juan de Zumárraga visitó a Juan Diego para que lo condujera al lugar donde había tenido lugar la cuarta aparición de la virgen. Para entonces Juan Diego, de edad ya avanzada, no recordaba el lugar preciso de la aparición. Sin embargo, en un punto del recorrido, Juan Diego vio un manantial que identificó como el punto exacto donde el suceso había tenido lugar. De inmediato, las aguas de este manantial se consideraron curativas.

1548, año de la muerte de Juan Diego y de Fray Juan de Zumárraga, coincidió con la necesidad de construir un santuario de mayores dimensiones para la virgen. La ermita sufrió varios cambios y renovaciones en su estructura, sin embargo la imagen permanecía expuesta a la humedad. Por tanto, en 1600 se inauguró una capilla más grande.

En el año 1622, la capilla fue ampliada para lograr una iglesia de dimensiones apropiadas. Entre 1695 y 1709, como resultado de una iniciativa del pueblo mexicano encaminada a recaudar fondos para un santuario de mayores dimensiones, se construyó la Basílica de Guadalupe, destinada a ser el nuevo hogar de la virgen.

Durante los años setenta del siglo XX, ante el riesgo de hundimiento de la Basílica, el gobierno de Luis Echeverría decidió la edificación de un nuevo recinto. Fue el 12 de octubre de 1976 que el santuario quedó terminado. Un rasgo notable del recinto es que su forma circular permite desde el interior, apreciar la imagen de la virgen desde cualquier ubicación.

Capítulo 5
Investigaciones sobre la pintura del lienzo

El impacto causado por la aparición de la virgen, condujo a la necesidad de realizar estudios que comprobaran la autenticidad sobrenatural del lienzo. Por tanto, durante varios siglos, diversos exámenes fueron realizados a la imagen.

La pintura, que mide 170 cm de largo, por 105 de ancho, está plasmada sobre la tilma de Juan Diego. El material de la tilma se compone de una fibra de cactus llamado izote, aunque también se cree que es de hilo de maguey. Es inexplicable cómo ese material ha durado 450 años, sin deteriorarse.

Los canónigos de la catedral de México llevaron a cabo una investigación en 1666 sobre las apariciones, como parte de un informe oficial que debían presentar en el Vaticano. Pero se creyó necesario apoyar los informes en la opinión de diversos especialistas. Se trataba de los médicos Luis de Cárdenas Soto, Jerónimo Ortiz y Juan de Melgarejo. Los médicos querían conocer de qué manera se había conservado intacto un lienzo tan tosco como la tilma en que había aparecido la virgen, dadas las condiciones climatológicas adversas del lugar donde se alzaba la ermita que resguardaba la imagen.

Otro factor de deterioro que al parecer tampoco produjo efectos, era el calor de las velas que los devotos encendían a su alrededor así como el constante contacto de las manos de los fieles sobre la pintura.

La conclusión a la que llegaron los médicos fue que no había causa natural que explicara la conservación del ayate.

Una vez obtenido este informe, los canónigos acudieron con los más prestigiosos pintores de la época en Nueva España para solicitarles que realizaran un análisis de la imagen. Los pintores concluyeron que el lienzo no mostraba la aplicación de ninguna sustancia previa a la realización de la pintura, dado que la rudeza del tejido no lo consentía, lo cual permitía que la imagen estuviera plasmada en ambos lados del tejido.

En 1751 el pintor Miguel de Cabrera examinó la imagen. Él determinó que la pintura presentaba algunas imperfecciones. En principio que las dimensiones del rostro requerían que sus manos y estatura total fueran de mayor tamaño, lo que indica que el artista que plasmó la imagen desconocía las técnicas de la perspectiva. A esto mismo podría deberse la desproporción del hombro izquierdo.

Retomando los argumentos de sus predecesores y considerando las técnicas pictóricas con las que fue plasmada la imagen, las cuales requerían de un tratamiento previo que no fue aplicado, Cabrera concluyó que la pintura no había sido realizada por mano humana.

Años más tarde el médico y matemático José Ignacio Bartolache sometió a prueba las argumentaciones de Cabrera. Mandó fabricar cuatro lienzos semejantes al original, dos de fibra de maguey y dos de fibra de izote. El deterioro que con el tiempo presentaron estas copias condujo al científico a concluir que el lienzo original era una obra milagrosa.

En 1936 el científico alemán Richard Kunh analizó dos fibras extraídas del ayate original y concluyó que en ambas fibras no existen colorantes animales, vegetales ni minerales, aunque sugirió que podían ser sintéticos. Sin embargo, durante el periodo al que se remonta la aparición del lienzo, tal clase de colorantes era inexistente.

Por otra parte, el doctor Sodi Pallares argumentó que la tilma era repelente al polvo y los insectos, mientras otros ayates elaborados con la misma clase de fibras no presentaban esta cualidad.

Los médicos del siglo XVII habían hecho hincapié en la suavidad de la superficie del lienzo en contraste con la parte posterior del mismo. Sin embargo, en años recientes el químico norteamericano M. Mcmaster explicó este hecho en relación con los efectos de la luz solar, que en condiciones de gran altitud como las dadas en el altiplano mexicano favorecen grandes dosis de rayos ultravioleta, el factor principal que explica la suavidad de la tela.

Un suceso que vino a reforzar el concepto sobrenatural del lienzo fue el que tuvo lugar en 1921. Un hombre llamado Luciano Pérez colocó una bomba de tiempo a base de dinamita junto al altar en el que se venera la imagen original. Al poco tiempo estalló la bomba destruyendo las gradas del altar mayor, los candeleros, y otros enseres litúrgicos. Sin embargo, la imagen no sufrió daño alguno.

El misterio de los ojos de la Virgen

Según varios estudiosos y hombres de ciencia que han inspeccionado la imagen, se pueden ver reflejadas en ambos ojos, y en la ubicación precisa en que se reflejarían en un ojo humano vivo, algunas figuras que parecen corresponder a la forma y tamaño de figuras humanas localizadas enfrente de la imagen.

En 1929, el fotógrafo oficial de la antigua Basílica de Guadalupe en la ciudad de México, Alfonso Marcué, descubrió lo que parecía una clara imagen de un hombre con barba reflejada en el ojo derecho de la Virgen. Al principio no podía dar crédito a lo que estaba viendo, pero luego de inspeccionar sus fotografías en blanco y negro de la imagen, ya no tuvo más dudas, por lo que decidió informar a las autoridades de la Basílica.

Así lo hizo, mas las autoridades le indicaron que guardara completo silencio sobre el descubrimiento, lo que Marcué cumplió celosamente. Más de 20 años después, el 29 de mayo de 1951, el dibujante mexicano José Carlos Salinas Chávez, luego de examinar una fotografía de la cara de la imagen, descubre lo que parece ser un busto humano reflejado en el ojo derecho de la Virgen, y luego también en el ojo izquierdo.

Desde entonces, mucha gente ha tenido la oportunidad de inspeccionar de cerca los ojos de la Virgen en la tilma, incluyendo más de 20 médicos oftalmólogos. El primero fue el prestigioso doctor Javier Torroella Bueno, el 27 de marzo de 1956.

En lo que constituye el primer reporte emitido por un médico sobre los ojos de la imagen, él certifica la presencia del triple reflejo (Efecto de Samson-Purkinje) característico de todo ojo humano normal vivo, y afirma que las imágenes resultantes se ubican exactamente donde deberían estar según el citado efecto. Asimismo, que la distorsión de las imágenes concuerda perfectamente con la curvatura de la córnea.

Ese mismo año, otro oftalmólogo, el Dr. Rafael Torrija Lavoignet, examinó los ojos de la imagen con un oftalmoscopio. El Dr. Lavoignet reporta la aparente figura humana en las córneas de ambos ojos, con la ubicación y distorsión propias de un ojo humano normal, notando además una inexplicable apariencia "viva" de los ojos al ser examinados.

Otras inspecciones de los ojos han sido realizadas por médicos oftalmólogos luego de éstas iniciales. Con mayores o menores detalles, todas coinciden en general con las dos primeras aquí expuestas.

Una nueva clase de estudio y análisis de los ojos comenzó en 1979, por el doctor José Aste Tonsmann, graduado de la Universidad de Cornell que trabajaba para la empresa IBM en procesamiento digital de imágenes. En principio, digitalizó a altas resoluciones una buena fotografía de la cara de la virgen, tomada directamente de la tilma original.

Luego de procesar las imágenes de los ojos por diversos métodos para eliminar "ruidos" y destacar detalles, el Dr. Tonsmann realizó lo que serían increíbles descubrimientos: no sólo era claramente visible en ambos ojos el "busto humano"; también eran visibles en ambos ojos, por lo menos otras cuatro figuras humanas: de izquierda a derecha, "indio sentado", "obispo Zumárraga", "traductor", "Juan Diego mostrando la tilma" y abajo un "grupo familiar".

El Dr. Tonsmann publicó sus últimos estudios efectuados sobre los ojos en la tilma con completos detalles y fotografías. Quizá uno de los aspectos más atractivos de su trabajo, es su opinión de que la virgen no sólo dejó su imagen impresa como prueba de su aparición, sino también ciertos *mensajes* que permanecieron escondidos en sus ojos para ser revelados cuando la tecnología permitiese descubrirlos y en el tiempo en que fueran más necesarios.

Así, el Dr. Tonsmann señala el caso de la imagen de una familia presente en los ojos de la virgen, en un tiempo como el actual, en que la familia se encuentra precisamente ante serios ataques en nuestros días. La imagen de varias figuras humanas que parecen constituir una familia, incluyendo varios niños y un bebé llevado en la espalda por su madre, como se acostumbraba en el siglo XVI, aparece en el centro de la pupila de la virgen, como centro de su mirada.

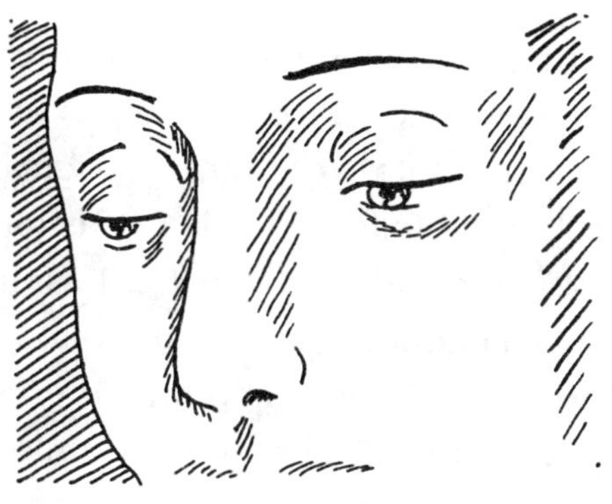

El manto de la Virgen

El martes 12 de diciembre de 1531, en que apareció la imagen de la virgen de Guadalupe en la tilma de Juan Diego, sucedió otro hecho trascendente. En la mañana de ese mismo día tuvo lugar el solsticio de invierno, que para las culturas antiguas de México significaba que el sol moribundo vuelve a cobrar vigor, nace un nuevo sol y, por tanto, ello significa el retorno de la vida.

El solsticio de invierno, es el punto en el cual la tierra, en su recorrido en torno al sol, da un cambio de dirección en su órbita y comienza a acercarse al astro rey. Con este cambio, se tiene la impresión de que el sol va recobrando su fuerza y que el invierno va debilitándose. Para el pueblo azteca, por tanto, el solsticio de invierno era el día más importante en su calendario religioso, porque el sol vence a las tinieblas y surge victorioso justamente en ese día.

Lo interesante de este hecho, que ha causado una gran fascinación, es que en el manto de la virgen de Guadalupe está reproducido el cielo del momento de la aparición: la mañana del solsticio de invierno de 1531. Así lo comprueba con exactitud el doctor Juan Homero Hernández Illescas.

En el manto se representan las estrellas más brillantes de las principales constelaciones visibles desde el Valle del Anáhuac aquella madrugada del 12 de diciembre de 1531. Allí están las constelaciones completas. Las estrellas se encuentran agrupadas como en la realidad.

Las constelaciones del manto

Según el estudio del doctor Hernández Illescas, titulado *La Virgen de Guadalupe y Las Estrellas*, las estrellas aparecen en el orden siguiente:

A. Lado izquierdo de la virgen

En este lado del manto de la virgen se encuentran comprimidas las constelaciones del sur: cuatro estrellas que forman parte de la constelación de **Ofiuco**. Abajo se observa **Libra** y a la derecha, la que parece una punta de flecha corresponde al inicio de Escorpión. Intermedias con la porción inferior, se pueden señalar dos de la constelación de **Lobo** y el extremo de **Hidra**.

Hacia abajo se evidencia la **Cruz del Sur** sin ninguna duda, y a su izquierda aparece el cuadrado ligeramente inclinado de la constelación de **Centauro** (Centaurus). En la parte inferior, solitaria, resplandece **Sirio**.

B. Lado derecho de la virgen

En el lado derecho del manto de la Virgen se muestran las constelaciones del norte: en el hombro, un fragmento de las estrellas de la constelación de **Boyero**, hacia abajo a la izquierda le sigue la constelación de la **Osa Mayor** en forma de una sartén. La rodean: a la derecha arriba, la **cabellera de Berenice**, a la derecha abajo, **Lebreles**, a la izquierda Thuban, que es la estrella más brillante de la constelación de **Dragón**.

Por debajo de dos estrellas que todavía forman parte de la Osa Mayor, se observan dos estrellas de la constelación del **Cochero**, y al oeste, hacia abajo, tres estrellas de **Tauro**.

De esta manera, quedan identificadas en su totalidad y en su sitio, un poco comprimidas, las 46 estrellas más brillantes que rodean el horizonte del Valle de México.

La magnífica distribución de las estrellas en el manto de la Virgen, según el doctor Hernández, no puede ser producto del azar, pues ninguna distribución al azar puede representar con exactitud y en su totalidad las constelaciones de estrellas de un momento determinado.

Prueba de ello es el estudio iconográfico de 150 pinturas de la virgen de Guadalupe de los siglos XVII y XVIII, realizado por el Dr. Hernández, del cual concluye que no existe una sola copia en la que se pudieran reconocer las constelaciones presentes en la tilma de Juan Diego. En opinión del especialista, la virgen de Guadalupe aparece completa en el firmamento para ofrecer, con su manto celestial, protección a todo el mundo.

Comentarios finales

El culto a la virgen de Guadalupe, expresa hoy en día la gran diversidad de formas que involucran a diferentes grupos de la población mexicana, que abarcan desde las peregrinaciones emprendidas por grupos indígenas y campesinos cuya devoción por la Virgen comprende desde danzas de origen prehispánico, ofrendas y penitencias de diversa expresión, hasta manifestaciones más formales de la liturgia católica, representadas por los grupos mestizos y criollos de la sociedad mexicana.

Es particularmente el 12 de diciembre cuando el culto a la virgen alcanza su mayor expresión. Desde diversos puntos de la República, así como de otras partes del mundo, incontables comitivas de peregrinos hacen acto de presencia en la Basílica para honrar a la virgen y de este modo, perpetuar la tradición, una de las más antiguas del país.

El culto ha trascendido fronteras, y hoy día, la virgen cuenta con santuarios tan lejanos como El Vaticano, en Roma, y la catedral de Notre Dame, en París. Los títulos de "Emperatriz de América" y "Reina de la Hispanidad", señalan los alcances de una veneración reconocida por la iglesia católica y confirmada con la reciente canonización de Juan Diego por el papa Juan Pablo II.

Cronología de eventos relacionados con el milagro

Año	Evento
1474	Nace Quauhtlatoatzin, más tarde llamado Juan Diego, en Cuauhtitlán.
1476	Juan de Zumárraga nace en España.
1492	Cristóbal Colón toca tierra en una isla del Continente Americano y le da el nombre de San Salvador.
1514	El primer santuario mariano en el nuevo mundo es establecido en la ciudad de Higuey, siendo el primero en ser construido en suelo americano.
1519	Hernán Cortés llega a México.
1521	La ciudad capital de los Aztecas cae bajo las fuerzas de Cortés.
1524	Los primeros 12 franciscanos arriban en la ciudad de México.
1525	Quauhtlatoatzin es bautizado por un sacerdote franciscano y recibe el nombre cristiano de Juan Diego.
1528	Juan de Zumárraga arriba al Nuevo Mundo.
1529	La esposa de Juan Diego, María, cae enferma y fallece.
1531	Ocurren las apariciones de Nuestra Señora a Juan Diego.
1533	Es erigido el primer Santuario a la virgen de Guadalupe.

1541	El sacerdote franciscano e historiador de la Nueva España, "Motolinia", escribe que alrededor de nueve millones de aztecas habían sido convertidos al cristianismo.
1548	Muere Juan Diego.
1555	En el Consejo Provincial, el segundo Arzobispo de México, Alonso de Montúfar, formuló cánones que indirectamente aprobaban las apariciones.
1556	El Arzobispo Montúfar autoriza la construcción de la segunda iglesia.
1560	Un documento conocido como la Relación Valeriano es escrito por el erudito indio Antonio Valeriano. También conocido por las primeras palabras del relato: *Nican Mopohua*. (Entre 1540 y 1580.)
1564	Una imagen fue llevada en la primera expedición formal a las Filipinas.
1567	La nueva iglesia ordenada por el Arzobispo Montúfar es terminada.
1570	El Arzobispo Montúfar envía al rey Felipe II de España una copia pintada al óleo de la imagen de Guadalupe.
1571	El Almirante Doria lleva una copia de la imagen a bordo de su buque durante la Batalla de Lepanto, y atribuye a la virgen de Guadalupe la victoria sobre las fuerzas del Imperio Otomano.

1573	La "Relación Primitiva" es escrita por el historiador Juan de Tovar, quien transcribe la historia de anteriores fuentes, probablemente de Juan González, el traductor del obispo Zumárraga.
1647	La imagen es cubierta con cristal por primera vez.
1648	El sacerdote Miguel Sánchez publica en la ciudad de México, en español, la obra titulada *Imagen de la Virgen María, Madre Guadalupana de Dios*.
1649	Luis Lasso de la Vega publica el *Huey Tlamahuizoltica*, relatando en náhuatl la historia de las apariciones. Hace referencia a fuentes anteriores escritas en náhuatl.
1666	Una investigación formal sobre las apariciones, es conducida por la Iglesia desde el 18 de febrero al 22 de marzo.
1695	Es colocada la primera piedra del nuevo Santuario.
1709	Es solemnemente dedicado el nuevo Santuario de Nuestra Señora de Guadalupe.
1723	Otra investigación formal es ordenada por el Arzobispo Lanziego y Eguilaz.
1737	La Santísima Virgen María de Guadalupe es elegida como Patrona de la Ciudad de México.
1746	El patronazgo de Nuestra Señora de Guadalupe es aceptado para toda la Nueva España, la que entonces comprendía las regiones desde el norte de California hasta El Salvador.

1746	El Caballero italiano Boturini Benaducci promueve la solemne y oficial coronación de la imagen.
1754	El papa Benedicto XIV aprueba el patronazgo de la Nueva España y otorga una misa y Oficio para la celebración de la fiesta el 12 de diciembre.
1756	El famoso pintor Miguel de Cabrera publica su intensivo estudio de la imagen en el libro *Maravilla Americana*.
1757	La virgen de Guadalupe es declarada Patrona de los ciudadanos de Ciudad Ponce en Puerto Rico.
1767	Los Jesuitas son expulsados de los dominios españoles y la imagen y su devoción son llevadas a varias partes del mundo.
1895	Se lleva a cabo la coronación de la imagen, con autoridad pontificia y la concurrencia de gran parte del Episcopado del continente.
1910	Pío X declara la virgen de Guadalupe Patrona de Latinoamérica.
1911	Una iglesia es construida en el sitio donde estuvo la casa de Juan Bernardino.
1921	Una bomba colocada bajo la imagen hace explosión, causando gran daño, pero nada le ocurre a la imagen.

1924	Un importante antecedente histórico del siglo XVI documentando el milagro, es encontrado en el Perú por el antropólogo M. Saville. Es un calendario pictórico conocido como el *Codex Saville* y muestra la imagen de la virgen de Guadalupe ubicada en la posición representando el año 1531.
1928	Una coronación de la imagen se realiza en Santa Fe, Argentina.
1929	Primera observación documentada de la aparente imagen de un busto humano reflejado en un ojo de la Virgen, por el fotógrafo Alfonso Marcué.
1935	Pío XI extiende el Patronazgo de la virgen de Guadalupe a las Filipinas.
1945	Pío XII declara que la virgen de Guadalupe es "Reina de México y Emperadora de las Américas", y que su imagen ha sido pintada "por pinceles que no eran de este mundo".
1946	El papa Pío XII la declara Patrona de las Américas.
1951	La imagen es examinada por el dibujante Carlos Salinas. Es observada la aparente reflexión de un busto humano en el ojo derecho de la Virgen.
1956	El Dr. Torroela-Bueno, oftalmólogo, examina los ojos de la Virgen en la tilma.
1958	El Dr. Rafael Torija-Lavoignet publica su estudio sobre el efecto de Purkinje-Samson observado en los ojos de la virgen de Guadalupe.

1961	El papa Juan XXIII se dirige a ella en oración como Madre de las Américas. Se refiere a ella como Madre y Maestra de la Fe de los pueblos de las Américas.
1962	El Dr. Charles Wahlig anuncia el descubrimiento de dos imágenes aparentemente reflejadas en los ojos de la Virgen al examinar una fotografía ampliada veinticinco veces.
1966	El papa Paulo VI envía una Rosa Dorada a la Basílica de la Virgen.
1975	El cristal es removido para permitir que la imagen sea examinada por otro oftalmólogo, el Dr. Enrique Grave.
1976	Se realiza la solemne dedicación de la nueva Basílica de Nuestra Señora de Guadalupe.
1979	El Dr. Phillip Callahan toma 40 fotos infrarrojas de la imagen. Luego concluye que la imagen original es inexplicable como una creación humana.
1979	El papa Juan Pablo II se refiere a Ella como la "Estrella de la Evangelización", se arrodilla ante su imagen, invoca su asistencia maternal y la llama "Madre de las Américas".
1979	El Dr. José Aste-Tonsmann anuncia el descubrimiento de por lo menos cuatro figuras humanas aparentemente reflejadas en ambos ojos de la Virgen. El Dr. Tonsmann utilizó sofisticadas técnicas de amplificación y procesamiento digital de imágenes con fotografías digitalizadas de ambos ojos.

1988	La celebración litúrgica de Nuestra Señora de Guadalupe del 12 de diciembre es elevada al rango de fiesta en todas las diócesis de Estados Unidos.
1990	Juan Diego es beatificado por el papa Juan Pablo II en el Vaticano.
1990	El papa Juan Pablo II vuelve a visitar la Basílica en la Ciudad de México. Preside la ceremonia de beatificación de Juan Diego.
1992	El papa Juan Pablo II dedica una capilla en honor de Nuestra Señora de Guadalupe en la Basílica de San Pedro en el Vaticano.
1999	Juan Pablo II, durante su tercera visita al santuario, declara la fecha del 12 de diciembre con el rango litúrgico de Fiesta para todo el continente de las Américas.

Bibliografía

1. Caso, Alfonso. *El pueblo del sol*. Editorial Fondo de Cultura Económica. México, 1974.
2. Clavijero, Francisco Javier. *Historia Antigua de México*. Tomo I., Universidad Veracruzana, Colección Rescate. Premia Editora, Puebla, 1985.
3. Fernández, V. Manuel. *La virgen de Guadalupe y su ayate prodigioso*. Editorial Diana, México, 1992.
4. Hernández Illescas, Juan Homero. *La Virgen de Guadalupe y Las Estrellas*. Centro de Estudios Guadalupanos, México. Sin fecha de edición.
5. Johnston, Francis. *El milagro de Guadalupe*, México. Sin fecha de edición.
6. Maruri Carrillo, María Elena. *Simbolismo y cosmovisión en las prácticas religiosas: una interpretación del modo de vida lacustre como pervivencia cultural en San Antonio la Isla, Estado de México*. México, CIESAS, tesis de maestría en Antropología Social, 2003.
7. Piña Chan, Román. *Quetzalcóatl*. Fondo de Cultura Económica. México, 1985.
8. Valeriano, Antonio. Traducción del náhuatl al español por Rojas Sánchez, Mario. *Nican Mopohua* (Aquí se narra). Centro de Estudios Guadalupanos, A.C. México. Sin fecha de edición.

Bibliografía

Indice

Introducción 5

Capítulo 1. Antecedentes del
Nican Mopohua 9

Capítulo 2. Contenido histórico del
Nican Mopohua 17

Ya estaban depuestas las flechas 18
Dioses en la cumbre del Tepeyac 18
Concepción sobre la vida y la
muerte 21
El milagro de las rosas 25
El nombre de Guadalupe 28
Simbolismo de la serpiente para
el México antiguo 31
Antecedentes de la diosa Tonantzin 34
La virgen de Guadalupe y su
relación con la Tonantzin 39
Antecedentes de Juan Diego 42

Capítulo 3. Apariciones de la virgen
de Guadalupe a Juan Diego 49

Primera aparición 49
Segunda aparición 52

Tercera aparición 56
Cuarta aparicion 57

Capítulo 4. La construcción de los templos
a la Virgen 67

Capítulo 5. Investigaciones sobre la pintura
del lienzo 71

El misterio de los ojos de la virgen 74
El manto de la Virgen 78
Las constelaciones del manto 79

Comentarios finales 83

Cronología de eventos relacionados
con el milagro 85

Bibliografía 93

Esta obra se terminó de imprimir en los talleres de
EDICIONES CULTURALES PARTENON, S.A. DE C.V.
16 de Septiembre No. 29-A Col. San Francisco Culhuacán
C.P. 04700, México, d.f., 5445-9534